Courtenay Hartford
Speed-Cleaning

PIPER

Zu diesem Buch

Haben Sie gerne ein aufgeräumtes Zuhause, sauber, ordentlich
und gemütlich, schaffen es im Alltag aber nicht, regelmäßig zu
putzen, und sind dann angesichts der Unordnung oder der
Wäscheberge jedes Mal genervt, frustriert oder haben ein
schlechtes Gewissen?
Speed-Cleaning von Courtenay Hartford verschafft Abhilfe! Mit
ihren äußerst praktischen und wertvollen Putz- und Aufräum-
tipps hilft sie Ihnen dabei, Ihr Ziel schneller zu erreichen. So
kann Sie selbst unangekündigter Besuch nicht mehr aus der
Ruhe bringen.
Ein Must-have für alle, die weniger Zeit zum Putzen und mehr
Zeit zum Leben haben wollen.

Als berufstätige Mutter von zwei Kindern und drei Haustieren
weiß *Courtenay Hartford* nur zu gut über die Herausforderungen
des hektischen Familienalltags Bescheid. Damit sie mehr Zeit
für die wirklich wichtigen Dinge hat, hat sie eine Methode ent-
wickelt, mit der sie nach dem Motto »work smarter, not harder«
ihre Wohnung schnell und einfach sauber bekommt. Sie lebt in
Kanada.

Courtenay Hartford

Speed CLEANING

Schneller putzen, mehr leben –
In 8 Minuten zur blitzblanken Wohnung

Übersetzung aus dem Englischen
von Alexandra Baisch

PIPER

Mehr über unsere Autoren und Bücher:
www.piper.de

MIX
Papier aus verantwor-
tungsvollen Quellen
FSC® C083411

Deutsche Erstausgabe
ISBN 978-3-492-31263-9
März 2018
© Courtenay Hartford 2017
Titel der englischen Originalausgabe:
»The Cleaning Ninja«, Page Street Publishing, Salem 2017
© der deutschsprachigen Ausgabe:
Piper Verlag GmbH, München 2018
Dieses Werk wurde im Auftrag von Page Street Publishing Co. durch die
Literarische Agentur Thomas Schlück GmbH, 30827 Garbsen, vermittelt.
Umschlaggestaltung: zero-media.net, München
Umschlagabbildung: Meredith Heuer/getty images und FinePic®, München
Satz: Uhl & Massopust, Aalen
Gesetzt aus der Bembo
Druck und Bindung: CPI books GmbH, Leck
Printed in the EU

Für Kennedy, Jack und Chris,
die mir dabei geholfen haben,
meine Putzfertigkeiten stets zu perfektionieren
und niemals in meinen Bemühungen nachzulassen.

Inhalt

So bekommen Sie Ihr Zuhause in gerade mal
acht Minuten blitzblank   11

Richten Sie sich eine sinnvolle Putzecke ein   25

Die tägliche To-Do-Liste: Tricks, mit denen Sie
Ihr Leben einfacher gestalten können   33

Diese eine Angewohnheit ist ab sofort ein Muss . .   41

Die sauberste Küche in der ganzen
Nachbarschaft.   51

Blitzschnelles Wäschewaschen   61

Traumaberatung bei hartnäckigen Flecken   71

Zehn Dinge, die Ihre Mutter Ihnen über
Haushaltsführung hätte sagen sollen   79

Ein auf Hochglanz poliertes Badezimmer   89

So sieht es bei Ihnen zu Hause geradezu absurd
sauber aus 97

Bringen Sie Ihr Zuhause zum Strahlen 109

Geheime Putzhilfen – Hilfsmittel, die Sie bereits
bei sich zu Hause haben 119

Der (manchmal gar nicht so) wunderbare
Außenbereich 127

So werden Sie zum Superhelden im Speed-
Cleaning 141

Sinnvolle Raumdüfte 153

Wie Sie endlich die Kurve kriegen und ein für
alle Mal Ordnung schaffen (ohne rückfällig zu
werden) 161

To-Do-Liste: Das steht jeden Tag an 173

To-Do-Liste: Das steht jeden Monat an 177

To-Do-Liste: Die Eins-A-All-Inclusive-
Tiefenreinigung 183

Dank 205

Wie Sie dieses Buch richtig einsetzen

Dieses Buch soll Ihnen dabei behilflich sein, gewitzter zu arbeiten und nicht härter. Es soll für ein Zuhause sorgen, in dem es so blitzblank ist, wie Sie es sich immer erträumt haben, und trotzdem soll Ihnen noch genug Zeit bleiben, damit Sie das Leben zu Hause ausgiebig genießen können. Es soll ein Freund und eine Quelle der Ermunterung sein, falls Sie einen kleinen Motivationsschub benötigen, um Ihren Allerwertesten in Bewegung zu setzen. Außerdem soll es Ihnen als fundierter Ratgeber dienen, wenn Sie herausfinden wollen, wie Sie eine ganz bestimmte Ecke in Ihrem Zuhause am besten auf Vordermann bringen (und zwar mit dem bestmöglichen Ergebnis und ohne dass Sie wie bisher stundenlang dafür brauchen).

Nehmen Sie dieses Buch immer wieder zur Hand. Lassen Sie es aufgeschlagen neben sich liegen, wann immer Sie irgendwo aufräumen oder putzen, oder blättern Sie mal eben darin, wenn Sie auf dem Sofa sitzen und etwas Nettes zur Unterhaltung suchen. Wie auch immer Sie es anstellen wollen zu lernen, wie Sie Ihr Zuhause besser in Schuss halten – genau an diesem Punkt will ich Sie abholen!

Nutzen Sie dieses Buch als Führer und Begleiter auf Ihrem Weg aus dem Haushaltschaos. Als Anleitung, auf die Sie zurückgreifen, wann immer Sie sich einen bestimmen Bereich in Ihrem Zuhause vornehmen. Ich zum Beispiel verwende sehr gern die Checklisten am Ende des Buches, um beim Planen meiner Speed-Cleaning-Zeit auf neue Ideen zu kommen. Will ich mir hingegen einen ganz bestimmten Bereich in meinen vier Wänden vorknöpfen, dann lese ich das entsprechende Kapitel dazu erneut durch – das verleiht mir den notwendigen Motivationsschub und ruft mir zudem ein paar kluge Tipps ins Gedächtnis zurück, die ich in der Zwischenzeit vergessen haben könnte. Ja, ich gebe es zu, ich nehme mein Buch immer wieder zur Hand, um darin zu lesen, und ich hoffe sehr, Sie finden es so hilfreich, dass Sie dies ebenfalls tun werden.

Courtenay Hartford

So bekommen
Sie Ihr Zuhause
in gerade mal
 acht Minuten
blitzblank

Wir alle kennen das: Es ist wieder einmal eine dieser Wochen, in der einem alles regelrecht um die Ohren zu fliegen scheint, in der man Kochen, Waschen und Haushalt gerade so mit Ach und Krach bewältigt, und dann erfährt man, dass alte Freunde am Nachmittag überraschend in der Stadt sein werden. Sie nicht auf einen Kaffee einzuladen, ist völlig undenkbar – mal abgesehen davon, dass man sich dieses kleine Vergnügen ja auch nicht verwehren möchte –, aber Ihr Zuhause ist schlicht und ergreifend nicht vorzeigbar. Und zwar nicht nur im Sinn von »Ups! Hab vergessen, das Spielzeug der Kinder wegzuräumen«, nein, das Chaos hat Ihr Zuhause fest im Griff – ganz unübersehbar. In Zeiten wie diesen braucht man einen Plan, der funktioniert und einem hilft, trotz des ganzen Durcheinanders eine Wohlfühlatmosphäre bei sich zu Hause zu schaffen.

Und hier kommt er auch schon!

Prioritäten setzen

Konzentrieren Sie sich in einem solchen Fall auf das, was Ihren Gästen (oder Ihnen selbst) am meisten auffallen wird, und darauf, was Sie in der kurzen Zeit tun können, damit sich Ihre Gäste bei Ihnen wohlfühlen und Ihr Zuhause einen möglichst sauberen Eindruck vermittelt. Lassen Sie uns hier ganz realistisch sein – den Test mit dem weißen Handschuh werden wir auf die Schnelle keinesfalls bestehen, trotzdem können wir eine Umgebung schaffen, die auf unsere Gäste sauber und einladend wirkt. Und wenn Sie zukünftig jeden Tag nur ein paar Minuten Ihrer Zeit opfern, damit es sich auch für Sie und Ihre Familie sauber und einladend anfühlt, dann ist das doch ein vortrefflicher Grund, um diese kurze Checkliste regelmäßig abzuarbeiten!

Wenn es bei Ihnen aufgeräumter aussehen und sich sauberer anfühlen soll, als es tatsächlich ist, dann sollten Sie sich auf diese drei Dinge konzentrieren.

Erstens: Kümmern Sie sich darum, wie es bei Ihnen riecht.

Zweitens: Sorgen Sie für ein paar strahlende und augenfällige Eyecatcher, die keiner übersehen kann.

Und drittens: Beseitigen Sie so viel Unordnung und Chaos, dass es dem ungeübten Auge – hoffentlich – gar nicht erst auffällt.

Da der Zeitfaktor von entscheidender Bedeutung ist, richten wir unser Augenmerk auf die Gemeinschaftsräume und die Zimmer, in denen sich Ihre Gäste vermutlich aufhalten werden. Für unser heutiges Anliegen zählen wir mal Wohnzimmer, Küche und Badezimmer zu diesen Räumen. Die Konzepte, über die wir in diesem Kapitel sprechen, können natürlich an den Grundriss Ihres jeweiligen Zuhauses angepasst werden. Müssen weitere Räume durchquert werden, weil Sie Ihre Gäste herumführen oder ihnen etwas zeigen wollen, dann mischen sich die Karten hier noch einmal neu. Aber nur keine Panik, bei den allermeisten sieht es in mehr als einem Zimmer hin und wieder etwas chaotisch aus!

Bringen Sie es Schritt für Schritt hinter sich

Okay. Sagen wir, wir haben acht Minuten. Wir können es schaffen. Sie können es schaffen. Und das werden Sie auch. Legen Sie gleich los.

Wir unterteilen unser Zeitfenster in acht einminütige Schritte. Zunächst erläutere ich in kurzen, leicht nachvollziehbaren Punkten, was der Reihe nach auf Sie zukommt, dann gehe ich ausführlicher auf die einzelnen Arbeitsschritte ein.

1. MINUTE: Sorgen Sie für einen guten Geruch.
2. MINUTE: Räumen Sie die Arbeitsflächen in der Küche auf.
3. MINUTE: Räumen Sie den Küchentisch leer.
4. MINUTE: Entfernen Sie alles Gerümpel aus dem Wohnzimmer.
5. MINUTE: Wechseln Sie das Handtuch im Badezimmer aus und wischen Sie mit dem gebrauchten über Waschbecken und Co.
6. MINUTE: Putzen Sie die Toilette rasch mit der Klobürste durch.
7. MINUTE: Stauben Sie kurz alle Oberflächen ab.
8. MINUTE: Schnelldurchgang mit ein paar feuchten Lappen.

Und das werden Sie während jeder dieser einminütigen Mini-Putzsessions genau machen:

1. Minute: Sorgen Sie für einen guten Geruch

Es ist eine Tatsache: Ein Zuhause, in dem es sauber riecht, fühlt sich auch sauber an. Angenehme Raumdüfte können die Unordnung in den Augen der anderen auf ganz wundersame Weise von einem »Oh wow, was für ein Chaos. Das hält ja kein Mensch aus!« in ein »Oh wow, was für ein wunderschönes, gemütliches und liebevolles Zuhause!« verwandeln. Mit diesem Trick wird im Handumdrehen jegliches Durcheinander bei Ihnen nur noch den Eindruck einer vorübergehenden Unordnung vermitteln, die sich in wenigen Minuten beseitigen lässt, und keineswegs ein Hinweis darauf sein, Sie würden jegliche Standards außer Acht lassen. Es macht unwiderlegbar einen sehr großen Unterschied, wie es in Ihrem Zuhause riecht. Wenn Ihnen also für nichts anderes mehr Zeit bleibt, dann kümmern Sie sich zumindest darum!

Ich habe immer etwas Duftwachs, ein paar parfümierte Kerzen oder Raumsprays griffbereit (von einer namhaften Firma, der ich vertraue, nicht dieses billige Nullachtfünfzehn-Zeugs, das ich nicht einmal einzuatmen wage), damit ich diesen Punkt schnell und effizient abhaken kann. Es gibt jedoch unendlich viele Möglichkeiten, wie Sie für einen frischen Geruch in Ihren vier Wänden sorgen können. Sehen Sie sich dafür das Kapitel »Sinnvolle Raumdüfte« auf Seite 153 an, damit Sie beim nächsten Mal aus dem Fundus dieser unzähligen Möglichkeiten schöpfen können.

2. Minute: Räumen Sie die Arbeitsflächen in der Küche auf

Kümmern wir uns zuallererst um die Küche, schließlich ist das der Ort, an dem man sich bekanntlich immer irgendwann mit seinen Gästen einfindet, sei es, um sich dort zusammen an den Tisch zu setzen oder um irgendwelche Getränke zu holen, mit denen man sich dann woanders niederlässt. Da Ihre Gäste hier also unter Umständen etwas zu sich nehmen werden, sollte es in Ihrer Küche vor Sauberkeit nur so blitzen!

Als Erstes räumen wir den Küchentresen frei und lassen alles verschwinden, was andeuten könnte, dass das Chaos auch nur die geringste Chance hat, sich gegen die makellose Sauberkeit bei Ihnen durchzusetzen. Was steht denn so alles auf Ihrem Küchentresen herum? Dreckiges Geschirr, oder häufen sich da irgendwelche Unterlagen oder vielleicht sogar Müll an? Ist Ihnen im Übrigen auch schon aufgefallen, dass sich im Lauf des Tages alle möglichen Dinge auf dem Küchentresen einfinden und sich dort anscheinend auch sichtlich wohlfühlen? Kümmern wir uns zuerst um den Müll. Sammeln Sie ihn ein. Werfen Sie ihn in die Tonne. Zehn Sekunden. Fertig. Sollte Ihr Mülleimer in der Küche voll sein, dann schnappen Sie sich eine neue Mülltüte und hängen diese an den Türknauf. Vergeuden Sie Ihre kostbare Küchentresen-Aufräumzeit erst gar nicht damit, die Mülltüte auszuwechseln. Wenn später dazu Zeit ist, können Sie diese Extra-Tüte immer noch verschwinden lassen, aber ehrlich gesagt ist es viel besser, eine weitere Mülltüte in der Küche zu deponieren, statt überall verstreut Müll herumliegen zu haben. Machen Sie sich also mal keine Sorge um diese Tüte.

Als Nächstes steht der Abwasch an. Ist noch Platz in Ihrem Geschirrspüler, dann räumen Sie Ihr Geschirr dort ein. Wenn Sie keinen Geschirrspüler haben oder dieser bereits randvoll ist, dann werfen Sie (das ist jetzt allerdings nur bildlich gemeint!) das schmutzige Geschirr ins Spülbecken und lassen dieses mit Heißwasser und etwas Spülmittel vollaufen. Sie ahnen bestimmt schon, was Sie da gerade gemacht haben. Sie haben soeben Ihr dreckiges Geschirr vor aller Augen versteckt! Man sieht die Unordnung gar nicht mehr, sondern hat den Eindruck,

Sie wären gerade beim Abwaschen gewesen, wie das jeder gewissenhafte Mensch in seiner Küche hin und wieder tut. Ganz schön clever, wie ich finde. Zudem sorgt der Duft des Spülmittels auch noch für einen frischen Geruch in Ihrer Küche.

Was liegt hier sonst noch so alles herum? Unterlagen? Irgendwelcher Krimskrams? Es gibt ein paar Tricks, wie man bei solchen Sachen in Windeseile für Ordnung sorgen kann. Den Begriff »Ordnung« verwende ich hier allerdings sehr leichtfertig. Wenn Sie genau wie ich eigens dafür ein Körbchen oder eine Schale auf dem Tresen stehen haben, dann packen Sie alles dort hinein, und schon herrscht Ordnung auf dem Tresen. Ich benutze dafür eine dieser zweistöckigen Etageren aus Metall. Sie eignet sich nicht nur hervorragend dafür, sondern sieht auch in zugemülltem Zustand noch ganz hübsch auf dem Küchentresen aus. Sie können natürlich auch einen Korb oder eine Schale dafür hernehmen, wenn Sie gerade eine bei der Hand haben, oder aber Sie stapeln zumindest alles an einer Ecke des Tresens halbordentlich auf. Das ist immer noch besser, als die Sachen kreuz und quer herumliegen zu lassen! Nimmt diese Art Krimskrams zu sehr überhand, sodass Sie dem Ganzen beim besten Willen nicht mehr Herr werden, dann schnappen Sie sich einfach alles und verfrachten es in ein anderes Zimmer, eine Abstellkammer oder meinetwegen auch in die Badewanne und ziehen die Tür oder den Duschvorhang zu. Das ist zwar nicht optimal, aber zur Not funktioniert auch das!

3. Minute: Räumen Sie den Küchentisch leer

An einem leeren Küchentisch kann man es sich ganz wunderbar mit Freunden bei einer Tasse Tee und einem kleinen Snack gemütlich machen, und gleichzeitig lässt ein leerer Küchentisch den ganzen Raum gleich sehr viel ordentlicher erscheinen. Sie haben bestimmt schon gehört, dass ein Schlafzimmer mit einem gemachten Bett in den Augen des Betrachters um 80 Prozent ordentlicher wirkt, als es tatsächlich ist – dasselbe gilt für einen freigeräumten Küchentisch.

Gehen Sie bei Ihrem Tisch genauso vor wie bei Ihrem Küchentresen und machen Sie sich ans Werk! Werfen Sie den Müll weg, packen Sie das Geschirr in den Geschirrspüler oder ins Spülbecken und legen Sie weitere Unterlagen auf den bereits errichteten Stapel. Ganz einfach, schon fertig!

4. Minute: Entfernen Sie alles Gerümpel aus dem Wohnzimmer

Wohnzimmer sind dazu gedacht, schöne, gemütliche Räume zu sein, also dürfte es nicht allzu lange dauern, damit in diesem Zimmer alles stimmt. Für die einminütige Speed-Cleaning-Session ist das vermutlich mein Lieblingszimmer, weil man schon mit wenigen Sekunden Aufräumen einen unglaublichen Unterschied erzielt. Was für Kram liegt hier so rum? Spielzeug, Klamotten, Decken, Geschirr? Fangen Sie mit dem schmutzigen Geschirr an, stellen Sie alles zusammen gleich neben der Tür ab, die zur Küche führt, und wenden Sie sich dann dem Rest zu. Fangen Sie mit den großen Gegenständen an und entfernen oder verstecken Sie so viel wie möglich. Je häufiger Sie diese Speed-Cleaning-Aktionen durchführen, umso schneller und effektiver werden sie Ihnen von der Hand gehen, aber für den Anfang sorgen schon Kleinigkeiten für einen großen Unterschied! Wenn Sie später mit Ihren Gästen in dieses Zimmer kommen, können Sie immer noch eine Decke über die Couch werfen oder ein Kissen aufschütteln.

Von dort geht es weiter zum Badezimmer. Wenn Sie auf dem Weg dorthin an der Küche vorbeikommen, dann stellen Sie das dreckige Geschirr gleich dort ab. Sollte das nicht der Fall sein, dann lassen Sie es vorerst neben der Tür stehen und stellen es später ins Spülbecken oder räumen es in den Geschirrspüler, wenn Sie dazu Gelegenheit haben.

5. Minute: Wechseln Sie das Handtuch im Badezimmer aus und wischen Sie mit dem gebrauchten über Waschbecken und Co

Sich mit einem feuchten Handtuch die Hände abzutrocknen, nachdem man bei Bekannten auf der Toilette war, gehört vermutlich mit zu den ekligsten Dingen, die es gibt, also lassen Sie uns dafür sorgen, dass Ihren Gästen das nicht passiert. Nehmen Sie das benutzte Handtuch, wischen Sie damit Ihr Waschbecken und sonstige Oberflächen ab und hängen Sie ein frisches Handtuch auf. Wenn Sie gerade kein Gästehandtuch griffbereit haben, dann nehmen Sie ein größeres Handtuch und legen es schön zusammengefaltet auf dem Waschtisch oder am Rand des Waschbeckens ab.

 6. Minute: Putzen Sie die Toilette rasch mit der Klobürste durch

Ja. Tun Sie das. Sie werden sehr froh darüber sein. Egal welchen Reiniger Sie benutzen, geben Sie einfach einen Schuss davon in die Toilettenschüssel, schrubben Sie diese kurz mit der Klobürste durch, damit keine unschönen Stellen zurückbleiben, und nehmen Sie zum Schluss noch etwas Toilettenpapier, um über Spülkasten, Klobrille und Toilettenrand zu wischen, wobei Sie sich vom saubersten zum unreinsten Bereich vorarbeiten. Werfen Sie das Toilettenpapier abschließend in die Toilette, kurz spülen, und schon sind Sie fertig! Jetzt haben Sie ein Badezimmer, das bei den Gästen keinerlei Anstoß erregen wird. Vielleicht liegt immer noch überall das Badespielzeug Ihrer Kinder herum, aber wenigstens ist alles, was man anfassen muss, sauber und ansprechend.

 7. Minute: Stauben Sie kurz alle Oberflächen ab

Es ist höchst erstaunlich, wie sehr alles strahlt und blitzt, wenn man erst einmal etwas Staub gewischt hat! Nehmen Sie einen Staubwedel, wenn Sie einen solchen besitzen (falls nicht, dann nehmen Sie stattdessen einen weichen, trockenen Lappen), und gehen Sie damit durch Ihre Küche und Ihr Wohnzimmer. Für dieses Blitz-Staubwischen konzentrieren Sie sich zunächst auf alles mit dunkler Farbe, da Staub an diesen Stellen besonders auffällt. Dazu gehören dunkle Holzmöbel, glänzende Fernseher und Leuchtmittel mit dunklen Metallteilen. Sie werden begeistert sein, was für einen Unterschied diese eine Minute macht.

8. Minute: Schnelldurchgang mit ein paar feuchten Lappen

Nehmen Sie drei, vier weiche Lappen und feuchten Sie diese rasch unter fließendem Wasser an. Das geht sehr viel schneller, als wenn Sie erst jede Oberfläche einzeln einsprühen und dann mit einem Lappen bearbeiten. Arbeiten Sie sich von der Küche zum Wohnzimmer vor und konzentrieren Sie sich auf die Oberflächen, die Ihre Gäste vermutlich anfassen werden, wie zum Beispiel den Küchentisch samt Stühlen oder den Couchtisch, und achten Sie darauf, alle klebrigen Stellen zu beseitigen. Sobald Sie das erledigt haben, sind Ihre hübschen, glänzenden Lieblingsgegenstände an der Reihe. Glänzende Dinge ziehen die Blicke auf sich und lenken tatsächlich von kleinen unsauberen Ecken ab, die noch in diesen Räumen zu sehen sind, also wischen Sie über Ihr glänzendes Lieblingsmöbelstück aus Holz, über hübsche Wanduhren, extravagante Lampen und andere Deko-Accessoires. Wurde ein Lappen für eine besonders klebrige Oberfläche verwendet (oder sollte sich bereits Staub darauf angesammelt haben), dann tauschen Sie ihn gegen einen frischen aus. So vermeiden Sie, mehrmals über dieselbe Oberfläche wischen zu müssen.

So, das waren Ihre acht Minuten! Sollten Sie tatsächlich nur acht Minuten zur Verfügung haben, dann beglückwünschen Sie sich zu dem riesengroßen Unterschied, den Sie in der superkurzen Zeit in Ihrem Zuhause bewirkt haben. Sollte Ihnen noch etwas Zeit bleiben, dann nutzen Sie diese! Räumen Sie hier und da noch etwas auf, richten Sie sich selbst ein bisschen her, oder bereiten Sie sich einen kleinen Snack zu. Den haben Sie sich wirklich verdient!

Für den Fall, dass Ihnen auch danach noch etwas Zeit bleibt, kommen hier noch ein paar *Bonus*-Tipps, mit denen Sie ebenfalls für einen großen Unterschied sorgen können

Fangen Sie eine neue Hausarbeit an.

Nicht abgeschlossene Hausarbeiten dürfen durchaus für alle sichtbar sein. Sagen Sie Ihren Gästen einfach, dass Sie gerade dabei waren, Ihren normalen Tätigkeiten im Haushalt nachzugehen. Außerdem sieht das tatsächlich so aus, als würden Sie diese vielen unverrichteten Kleinigkeiten in Kürze in Angriff nehmen.

Lassen Sie eine Maschine laufen.

Sollten Ihr Geschirrspüler und Ihre Waschmaschine nicht zu laut und nervig sein, dann schalten Sie diese ein. Das Surren einer solchen Maschine im Hintergrund kann durchaus davon ablenken, dass Ihr Zuhause vielleicht schon etwas zu lange vernachlässigt wurde.

Sorgen Sie für etwas mehr Licht.

Saubere Gegenstände werden oft als »strahlend« und »glänzend« bezeichnet. Um den glänzenden Teil haben Sie sich bereits gekümmert, sorgen Sie jetzt noch für die richtige Beleuchtung, damit alles nur so blitzt und funkelt!

Richten Sie sich eine *sinnvolle Putzecke* ein

Wenn Sie beim Putzen keine unnötige Zeit vertrödeln wollen, dann sollte der Ort, an dem Sie Ihre Putzutensilien aufbewahren, zu den am besten organisierten Bereichen Ihres Zuhauses gehören. Schließlich ist das die Kommandozentrale, die Ihnen dabei hilft, Ihr Zuhause mit möglichst geringem Zeitaufwand bestens in Schuss zu halten. Dementsprechend ist es natürlich auch unverzichtbar, problemlos auf die benötigten Utensilien zugreifen zu können. Damit gestalten Sie nicht nur Ihr Leben um einiges einfacher, unterm Strich können Sie damit auch jede Menge Zeit sparen.

Finden Sie einen geeigneten Ort

Am sinnvollsten richten Sie Ihre Putzecke so ein, dass sie gut erreichbar ist und möglichst zentral in Ihrem Zuhause liegt. Das Gewünschte ohne große Umstände immer dann griffbereit zu haben, wenn es benötigt wird, ist der Schlüssel zum Erfolg für das tadellose Zuhause, von dem Sie träumen. Häufig benutzte Reinigungsmittel und Putzlappen sollten leicht erreichbar und auf Augenhöhe untergebracht sein, Besen und Staubwedel direkt darunter oder darüber. Sie brauchen etwas Platz nach oben, um langstielige Besen und Wischmopps zu verstauen, und abhängig von der Größe des Modells wäre es ganz wunderbar, wenn Sie auch noch etwas Platz für den Staubsauger hätten. Sollten das zu viele Gerätschaften für Ihre Abstellkammer oder einen Putzschrank sein, dann können Sie die Sachen natürlich auch an verschiedenen Orten aufbewahren. Stellen Sie nur sicher, dass Sie es sich so einfach wie möglich machen, indem Sie alles leicht zugänglich einordnen und die Gegenstände, die Sie zusammen benutzen, auch an einem Ort aufbewahren. Wenn Sie sich immer erst bücken oder auf einen Stuhl steigen müssen, um an diverse Utensilien zu gelangen, die Sie tagtäglich benutzen wollen, dann ist es höchstwahrscheinlich an der Zeit, einen anderen Aufbewahrungsort dafür zu finden, denn es kann schrecklich nervig und entmutigend sein, die angestrebte tägliche Putzroutine unter solchen Umständen beizubehalten.

Legen Sie sich die notwendigen Gerätschaften zu

Was das Putzen anbelangt, so finden sich heutzutage in nahezu jedem Supermarkt oder Kaufhaus unglaublich viele Gerätschaften und Gadgets. Manche davon sind ganz wunderbar, andere hingegen sind das Plastik nicht wert, aus dem sie hergestellt wurden. Wenn Sie so veranlagt sind wie die meisten Menschen, dann wissen Sie das natürlich schon längst, weil Sie im Laufe der Zeit vermutlich einiges davon ausprobiert haben.

 Wichtige Putzgerätschaften und Zubehör

Alles in allem müssen Sie nicht viel Geld für Ihre Putzutensilien ausgeben. Meistens reichen recht simple Geräte völlig aus. Nur bei wenigen Ausnahmen, wie zum Beispiel bei einem Staubwedel oder einem Staubsauger, zahlt es sich aus, sich für das bestmögliche und entsprechend teure Gerät zu entscheiden, damit Sie auch wirklich mit den schnellen und glänzenden Ergebnissen belohnt werden, um die Sie bemüht sind. Nachfolgend eine Liste von bewährten Gerätschaften und Zubehör, die erprobt sind und Ihnen dabei helfen, Ihr Zuhause schnell, einfach und mit möglichst wenig Aufwand sauber zu bekommen:

- weiche Baumwolltücher, wie z.B. weiße Frottee-tücher oder Waschlappen

- Mikrofasertücher

- einfache große Badetücher (die einzig zum Putzen verwendet werden)

- ein einfacher Strohbesen

- ein kleiner Handbesen mit Schaufel

- ein Wischmopp

- ein Mikrofasermopp

- ein leichter Staubsauger

- ein Nass- und Trockensauger

- ein Eimer

- eine Scheuerbürste mit harten Borsten

🧽 Stahlwolle

🧽 Scheuerschwämme

🧽 weiche Schwämme

🧽 große, saugkräftige Schwämme

🧽 eine Schachtel mit Einweghandschuhen aus Gummi oder Latex

🧽 eine kleine Bürste (oder auch eine Zahnbürste)

🧽 ein Staubwedel von guter Qualität

🧽 ein Abzieher

🧽 ein Plastikspatel

🧽 Küchenrollen

🧽 alte Zeitungen

 Putzmittel und sonstige Allzweckwaffen

Es ist ganz praktisch, ein oder zwei Reinigungsmittel in einer Sprühflasche zu kaufen, die Sie dann benutzen können, wenn Sie irgendwelche Oberflächen vor dem Putzen rasch einsprühen wollen. Es ist aber völlig unnötig, alle Putzmittel-Regale in Ihrem Supermarkt leer zu kaufen. Größtenteils lässt sich Ihr Zuhause mit ein paar handelsüblichen Putzmitteln sehr effektiv auf Vordermann bringen. Werden diese Putzmittel zusammen mit den richtigen Gerätschaften und – natürlich – mit dem einen oder anderen Trick und der richtigen Technik angewandt, dann erzielen Sie deutlich bessere Ergebnisse, als die meisten »Zaubermittel« aus dem Laden versprechen. Auch hier gibt es jedoch ein paar Ausnahmen, die bei besonders schwierigen Fällen zum Einsatz kommen können, und ein paar davon habe ich im Folgenden für Sie aufgelistet:

- Essig

- Zitronensaft

- Ethanol bzw. Spiritus

- Natron

- Billiges Olivenöl, das Sie nur zum Putzen verwenden

- Natriumborat oder Borax

- gewöhnliches Spülmittel

- Möbelpolitur auf Wachs- oder Ölbasis

- einfacher Allzweckreiniger in der Sprühflasche

- Glasreiniger oder eine selbst hergestellte Alternative

- starkes Fleckenmittel für Wäsche, Polstermöbel und Teppiche hoch konzentrierter Reiniger für sehr schmutzige Böden und den Außenbereich

Kalk- und Rostentferner für kalkhaltige Wasserablagerungen

Diese Reinigungsmittel sollten Sie in Ihrer Putzkammer immer bei der Hand haben. Sachen wie Waschmittel, Weichspüler und Spülmaschinentabs sind in der Liste nicht aufgeführt, sollten aber natürlich auch an den entsprechenden Orten aufbewahrt werden.

Mit diesen wenigen einfachen Mitteln sind Sie bestens gerüstet, um in Ihrem Zuhause kleine Wunder zu vollbringen. Ihr Zuhause liegt Ihnen gewissermaßen zu Füßen! Lassen Sie es uns angehen.

Die tägliche To-Do-Liste: Tricks, mit denen Sie Ihr *Leben einfacher* gestalten können

Manche Dinge im Haushalt müssen ganz einfach täglich erledigt werden, damit die Tage für Sie und Ihre Lieben möglichst reibungslos und entspannt verlaufen. Natürlich hat jeder eine andere Routine, dennoch sollten Sie hier mehr als nur ein paar Tipps finden, die Sie auf Ihre »tägliche To-do-Liste« setzen. Schon wenige Tricks, die Sie je nach Bedarf bei diesen unscheinbaren alltäglichen Aufgaben anwenden, können sich auf Dauer durch **eine unglaubliche Zeitersparnis auszahlen!**

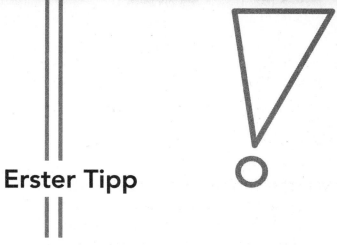

Erster Tipp

Reiben Sie Ihr Waschbecken jeden Tag mit dem Gästehandtuch aus und ersetzen Sie das Handtuch durch ein neues. Im Vergleich zu kleineren Lappen lässt dieses supersaugfähige Material mit seiner großen Oberfläche Ihr Waschbecken in Nullkommanichts erstrahlen, und als kleiner Bonus (tadaa!) gehören Sie mit einem Mal zu den Menschen, bei denen immer ein frisches Handtuch im Badezimmer hängt!

Zweiter Tipp

Wischen Sie alle paar Tage mit einem Staubwedel über sämtliche Spiegel und Glasflächen, damit Sie nicht so häufig zu Staubtuch und Glasreiniger greifen müssen. Ganz ehrlich, über 98 Prozent des »Schmutzes«, der sich auf diesen Oberflächen ansammelt, besteht nur aus Staub oder Tierhaaren, die sich dort angesiedelt haben, und nicht etwa aus fettigen Schlieren oder Fingerabdrücken. Okay, diese Statistik ist erstunken und erlogen, das gebe ich zu, trotzdem macht dieser Tipp einen riesengroßen Unterschied!

Dritter Tipp

Möbelpolitur eignet sich nicht nur für Möbel! Benutzen Sie sie immer mal wieder auch als »alltägliches Streifen-Spray« auf Einrichtungsgegenständen, Verkleidungen, Tischplatten oder sonstigen Oberflächen, an denen Sie regelmäßig Schlieren, Staub oder Fingerabdrücke vorfinden. Durch die Politur setzen sich über einen längeren Zeitraum erst gar keine Schmutzpartikel darauf fest, und wenn Sie künftig über diese Oberflächen wischen, lassen sich solche Schlieren sehr viel leichter entfernen.

Vierter Tipp

Eine kleine Anmerkung für Tierliebhaber: Streuen Sie mehrmals in der Woche etwas Natron als »Topping« auf Ihre frische Katzenstreu, nachdem Sie sauber gemacht haben. Tun Sie das selbst dann, wenn Sie eine geruchsneutralisierende Katzenstreu verwenden, und Sie werden überrascht sein, wie viel länger Ihr Katzenklo geruchsfrei bleibt und wie viel einfacher es ist, es jeden Tag sauber zu machen. Fast so, als würden Sie eine Katzenstreu mit Antihafteffekt verwenden!

Fünfter Tipp

Wollen Sie dafür sorgen, dass Ihr Küchenmülleimer zu-zukünftig nicht mehr so stark verschmutzt, weil irgendetwas tropft oder ausläuft, dann legen Sie den Eimer jedes Mal, wenn Sie den Müll wechseln, mit etwas altem Zeitungs-papier aus. So müssen Sie nicht nur nie wieder klebrige Reste aus Ihrem Abfalleimer spülen, die Zeitungsseiten saugen noch dazu unangenehme Gerüche auf!

Sechster Tipp

Unterschätzen Sie die Kraft von Wasser und Spülmittel nicht. Gehen Sie einmal am Tag mit einem in Spülwas-ser getränkten Lappen durch Ihre Räume und Sie wer-den mit Erstaunen feststellen, wie viele Dinge plötzlich scheinbar ganz von selbst sauber werden. Hier und da ein paar Spritzer und Flecken wegzuwischen, nimmt nicht mehr als ein, zwei Minuten pro Tag in Anspruch, aber wenn Sie danach einen Schritt zurücktreten und Ihr Werk bewundern, wird Sie der Unterschied, den Sie mit diesem feuchten Lappen erzielt haben, einfach begeistern! Lassen Sie das Spülbecken zu diesem Zweck mit heißem Spül-wasser volllaufen, so bleibt zum einen Ihr Spülbecken sau-ber, zum anderen werden Ihre Rohre durchgespült, wenn Sie das Wasser wieder ablassen. Ich weiß, ich weiß. Das klingt viel zu simpel und unspektakulär. Wie soll eine so einfache Mischung aus Wasser und Spülmittel in einem modernen Haushalt mit den neuesten Reinigungsgeräten und ultramodernen Reinigungsmitteln, die man auf dem Markt so findet, auch nur annähernd eine Chance gegen Flecken haben? Aber warten Sie das Ergebnis ab! Mich hat dieser altmodische »Trick« – wenn man hier überhaupt von einem Trick sprechen kann – ebenso überzeugt, wie er Sie überraschen und überzeugen wird.

Siebter Tipp

Warten Sie nicht, bis Ihnen der Abwasch oder die Wäsche über den Kopf wächst, erledigen Sie jeden Tag etwas davon, dann fühlt es sich auch tatsächlich so an, als könnte man diese Aufgaben ohne großen Aufwand in den Griff bekommen. Schmutzige Wäsche, eingetrocknetes Geschirr und Geräte, die tagelang nicht benutzt werden, beeinträchtigen die gesamte Frische in Ihrem Zuhause, sowohl was das Erscheinungsbild als auch was den Geruch betrifft! Wenn Sie sich jeden Tag kurz Zeit nehmen, damit Sie mit solchen Dingen in Ihrem Haushalt nicht ins Hintertreffen geraten, dann bekommen Sie mit der Zeit wirklich das Gefühl, als hätten Sie den Dreh beim Saubermachen raus.

Achter Tipp

Investieren Sie in eine kleine Sammlung von ansprechenden Körben in unterschiedlichen Formen und Größen und sehen Sie dabei zu, wie sich Ihr Zuhause damit wie durch Magie verwandelt. Ein schöner Korb kann einen Raum gleichzeitig aufräumen *und* ihn innerhalb weniger Sekunden verschönern. Achten Sie darauf, Körbe zu wählen, die zu jedem Ihrer Räume passen, damit Sie diese austauschen und zu unterschiedlichen Jahreszeiten für unterschiedliche Zwecke verwenden können. Ein großer Korb kann eine schnelle Lösung sein, um während der Weihnachtszeit Spielzeug im Wohnzimmer wegzuräumen, und im Sommer können darin die zusätzlichen Flip-Flops, Springseile und Fußbälle neben der Tür aufbewahrt werden. Setzen Sie sie überall in Ihrem Zuhause ein, dann sieht es bei Ihnen im Handumdrehen stylish und aufgeräumt aus. Und wenn Ihnen auffällt, dass Sie den Inhalt nicht mehr regelmäßig benutzen oder sich die Jahreszeit geändert hat, dann leeren Sie die Körbe aus und räumen Sie den Inhalt an den entsprechenden Platz.

Neunter Tipp

Benutzen Sie Lappen, viele Lappen. Ganz egal, welcher häuslichen Tätigkeit Sie gerade nachgehen. Wenn Sie irgendwo wischen müssen, dann verdreifachen Sie die Anzahl der Lappen, zu der Ihnen der gesunde Menschenverstand raten würde. Wir gehen immer davon aus, es wäre am besten, den benutzten Lappen auszuwaschen und wiederzuverwenden, dabei ist es meistens schneller und effizienter, einfach zu einem neuen Lappen zu greifen und nach Gebrauch alle zusammen in die Waschmaschine zu stecken. Achten Sie einmal darauf, und Sie werden erstaunt sein, wie viel Zeit Sie dafür aufwenden, ein- und dasselbe Staub-

körnchen oder Tierhaar von der einen Oberfläche abzuwischen, das Sie dann aus Versehen an anderer Stelle wieder
auftragen, von wo Sie es erneut mit einer scheinbar sauberen Ecke des Lappens entfernen wollen, nur um festzustel-
len, dass das vermeintlich saubere Stück Stoff auch schon
voller Staub war. Sobald Sie sich für eine Haushaltstätig-
keit mit der richtigen Anzahl sauberer Lappen eingedeckt
haben, wird es Ihnen geradezu lächerlich vorkommen, dass
Sie dieses »Wegwischen-neu-auftragen«-Spiel mit einem
einzigen erbärmlichen Lappen gespielt haben, nur um so
ein bisschen Platz in der Waschmaschine zu sparen.

Und mehr steckt tatsächlich nicht dahinter! Mit ein paar
kleinen Änderungen in Ihrer täglichen Putzroutine sorgen Sie in kürzester Zeit für einen riesigen Unterschied!

Diese eine *Angewohnheit* ist ab sofort ein Muss

Sie ahnen schon, was jetzt gleich kommt. Sie müssen Ihr Bett machen. Ja, das müssen Sie. Keine Widerrede. Machen Sie es einfach. Vielleicht hat man Ihnen das schon früher gesagt, aber haben Sie jemals darüber nachgedacht, warum diese eine Angewohnheit so wichtig ist und einen so positiven Einfluss auf Ihr gesamtes Zuhause haben kann? Vermutlich haben Sie schon richtig viel Zeit damit zugebracht, nach überaus cleveren Ausreden zu suchen, weshalb Sie Ihr Bett morgens *nicht* machen sollten, also lassen Sie mich ein paar Gegenargumente vorbringen, über die Sie nachdenken können, während Sie sich gerade so raffiniert und geschickt aus der Affäre ziehen wollen. Und machen Sie Ihr Bett einfach eine Zeit lang. Probieren Sie es aus. Ich kann Ihnen eines versprechen: Das neue Aussehen Ihres Zuhauses und das Gefühl, das es Ihnen verschafft, wird Ihnen sehr gefallen. Und falls dem nicht so sein sollte, dann können Sie immer noch damit

auftrumpfen, dass Sie die ganze Zeit recht hatten.

Es ist ganz einfach

Das ist jetzt noch mal so ein Punkt, bei dem Sie mir einfach glauben müssen. Geben Sie mir einen Vertrauensvorschuss! Er muss nicht sehr groß sein, trotzdem ist es ein Vorschuss, ich weiß. Aber es dauert nur etwa siebenundzwanzig Sekunden, dann werden Sie einsehen, wie recht ich damit habe. Denn es ist wirklich keine große Kunst, ein Bett zu machen! Einfach hier und da ein paar Kissen hinwerfen, die Decke gerade ziehen und glatt streichen, und schon ist es erledigt!

Es sieht hübsch aus

Das versteht sich natürlich ganz von selbst, aber damit haben Sie eine weitere Ecke, die Sie bewundern und genießen können, wenn Sie tagsüber das Zimmer betreten. Sie wollen, dass Ihr gesamtes Zuhause hübsch und ordentlich aussieht? Der schnellste Weg, um das zu erreichen, fängt damit an, dass Sie Ihr Bett machen. Sie sind intelligent und folgen einer gewissen Logik, da muss Ihnen doch einleuchten, wie sinnvoll das ist, denken Sie nicht auch?

Es kann bei Allergien hilfreich sein

Sollten Sie unter Allergien leiden, dann könnte dieser Punkt ganz besonders wichtig für Sie sein. Solange Ihr Bett zugedeckt ist, sammeln sich tagsüber keine Staubkörnchen oder andere Allergene zwischen den Laken oder auf Ihren Kissen an, und gleichzeitig schaffen Sie so einen Ort, an dem Sie nachts gut atmen können.

Es ist ein Dreißig-Sekunden-Umstyling für Ihr Zimmer

Nichts verhilft einem unordentlichen Schlafzimmer schneller von einem chaotischen zu einem nahezu ordentlichen Aussehen als ein gemachtes Bett. Wenn in Ihrem Schlafzimmer das absolute Chaos herrscht, dann ist das tägliche Bettenmachen ein enormer Anstoß in Richtung Aufräum-Mission!

So starten Sie mit einem Gefühl der Zufriedenheit in den Tag

Sie kennen doch bestimmt das Gefühl, wie es ist, wenn Sie einen guten Lauf haben, unglaublich produktiv sind und meinen, Sie könnten es mit der ganzen Welt aufnehmen? Solche Tage zeichnen sich immer dadurch aus, dass Sie ein Ziel erreicht oder eine Sache erledigt haben, auf die Sie stolz sind und die Ihnen zeigt, dass Sie das Zeug dazu haben, gewisse Aufgaben erfolgreich umzusetzen. In diesen Momenten können Sie gar nicht mehr aufhören, einen Punkt nach dem anderen von Ihrer To-do-Liste abzuhaken. Warum sollten Sie nicht jeden Tag einen solchen Tag haben, ganz selbstverständlich, indem Sie gleich nach dem Aufwachen für einen wunderschönen, ordentlichen Ort sorgen?

Es ist eine Belohnung am Ende des Tages

Es hat etwas unglaublich Befriedigendes, wenn man am Ende eines Tages in ein schön gemachtes Bett schlüpft. An einem produktiven Tag, auf den man stolz ist, ist es der perfekte Ausklang, und an den Tagen, an denen man hundemüde und erschlagen ist, hat es etwas sehr Tröstendes und erinnert einen daran, dass es nicht überall auf der Welt drunter und drüber geht. Und wenn Sie nach einem harten Tag in ein frisch gemachtes Bett steigen, wird Sie das in eine positive Grundstimmung versetzen, und Ihr Tag wird mit einer glücklichen, hoffnungsvollen Note ausklingen.

Es wird Ihnen das Gefühl geben, die Queen – oder der King – of clean zu sein

Es gibt kein besseres Gefühl, wenn man unerwartet Besuch bekommt, als zu wissen, dass man jede Tür öffnen kann, ohne über den Zustand der Zimmer nachdenken zu müssen. Es ist ziemlich einfach, auf die Schnelle ein oder zwei Räume präsentabel aussehen zu lassen, aber viele Leute befürchten dann, der Besucher könnte beim Gang auf die Toilette einen Blick durch die offen stehende Tür ins Schlafzimmer und somit auf ein ungemachtes Bett erhaschen. Wie großartig fühlt es sich da doch an, wenn man weiß, dass den Besucher stattdessen ein gemachtes Bett erwartet. Ihr Gast wird sehr beeindruckt sein, wie ordentlich bei Ihnen alles ist – selbst wenn Sie unangemeldet Besuch bekommen. Versuchen Sie nicht zu stolz auf sich selbst zu sein, wenn Ihnen das zum ersten Mal passiert!

Es sagt etwas über Sie selbst aus

Menschen, die ihr Bett machen, sind gewissenhafte Typen. Es sind die charakterstarken Menschen, Menschen mit einer Vision, Menschen mit Durchsetzungsvermögen, Führungskräfte, Menschen, die die Initiative ergreifen und ihre Ziele erreichen. Es sind die erfolgreichen Menschen mit ihrer bewundernswerten Selbstdisziplin. Es gibt einen Grund, weshalb so unglaublich viele weise und erfolgreiche Menschen darauf schwören, mit einem frisch gemachten Bett in den Tag zu starten, und das hängt damit zusammen, dass sich ihr Zuhause und ihr Leben dadurch völlig umgekrempelt hat. Wenn Sie zukünftig früh am Morgen Ihr Bett machen werden, dann erinnern Sie sich jedes Mal daran, dass Sie jetzt auch zu diesen Menschen gehören.

Raffinierte Tricks, wie Sie Ihr Bett superschnell gemacht bekommen

Verschwenden Sie keinen Gedanken an Ihre Kopfkissen

Versuchen Sie gar nicht erst, sie großartig aufzuschütteln, neu anzuordnen oder irgendwie präsentabel zu machen. Das wäre reine Zeitverschwendung.

Kaschieren Sie Kopfkissen mit Extra-Kissen

Kaufen Sie zwei, maximal drei Extra-Kissen, gerade so viele, dass sie die gesamte Bettbreite abdecken, und legen Sie diese auf Ihre Kopfkissen. Schlafen Sie nicht auf diesen Kissen, sondern verwenden Sie sie nur dazu, Ihrem Bett ein hübsches, völlig strukturiertes Aussehen zu verleihen und um Ihre vom Schlafen zerknautschten Kissen zu verbergen.

Benutzen Sie ein bis zwei Dekokissen, die immer an denselben Platz kommen

Mehr als ein bis zwei Dekokissen auf Ihrem Bett führen nur dazu, dass Sie über deren Platzierungen nachdenken müssen und sich in Ihrem halb wachen, leicht traumverhangenen Zustand am Morgen vermutlich überfordert fühlen. Wählen Sie stattdessen einfach ein oder zwei Dekokissen aus, die Ihnen gefallen, legen Sie einen Platz für sie fest und platzieren Sie sie jeden Tag genau dort. Schalten Sie auf Kissen-Autopilot!

Gehen Sie symmetrisch vor

Um ein ordentliches Ergebnis für das gesamte Erscheinungsbild Ihres Bettes zu erhalten, ist Symmetrie gefragt. Das ist der ultimative, ordentliche Look, an den Sie morgens keinen weiteren Gedanken verschwenden müssen.

Ein wattierter Quilt oder eine wattierte Bettdecke kaschiert Knitter

Ein Quilt mit eingesticktem Muster – oder auch eine geriffelte Bettdecke – kaschiert Knitter und sieht jeden Tag adrett und wie frisch gewaschen aus. Dünne Bettwäsche oder Bettdecken bekommt man ohne stundenlanges Bügeln kaum faltenfrei, das Ergebnis lässt immer zu wünschen übrig, egal, wie Sie es anstellen.

Verzichten Sie auf die zusätzliche zusammengefaltete Überdecke oder den nachlässig hingeworfenen Überwurf

Wenn Sie sich angewöhnt haben, das Fußende Ihres Bettes mit einer zusätzlichen Dekodecke zu verzieren oder einen Überwurf »ganz nonchalant« über eine Ecke zu drapieren, dann können Sie eine Menge Zeit sparen, indem Sie auf diese Extras einfach verzichten. Ohne eine solche Decke sieht Ihr Bett sehr viel ordentlicher aus, als mit einer schief zusammengefalteten oder ungeschickt drapierten.

Werden Sie zum Wiederholungstäter

Je öfter Sie Ihr Bett gemacht haben, umso besser (und schneller) geht Ihnen diese Arbeit von der Hand! Gewöhnen Sie sich an, die Kissen jeden Abend an dieselbe Stelle zu legen, dann können Sie sie am Morgen in Windeseile wieder auf dem Bett platzieren, ohne auch nur einen Gedanken daran zu verschwenden. Mit der Zeit wissen Sie auch, welche Ecke vom Laken Sie beim Schlafen immer herausziehen und wie Sie die Bettdecke falten und glatt ziehen müssen, damit das Gesamtbild aussieht wie vom Profi. So clever (und viel beschäftigt) wie Sie sind, werden Sie im Lauf der Zeit unvermeidlich besser bei dem, was Sie tun, und ich bin gespannt auf die Dinge, zu denen Ihre schon in Kürze beeindruckenden Fähigkeiten im Bettenmachen Sie sonst noch so beflügeln werden, jetzt, wo Sie gelernt haben, wie Sie richtig in den Tag starten!

Die *sauberste Küche* in der ganzen Nachbarschaft

Küchen sind bei jedem von uns ganz unbestritten einer der dreckigsten, schmutzigsten und fettigsten Orte. Und wir alle verbringen vermutlich einen Großteil unserer Putzzeit und Energie mit dem Versuch, die Dinge hier unter Kontrolle zu halten. Da freut es einen doch zu hören, dass es nicht nur eine der anspruchsvollsten Aufgaben in den eigenen vier Wänden ist, dem Küchenchaos ein für alle Mal Herr zu werden, es kann noch dazu die lohnendste sein. Wenn Sie diesen »Ich hab den ganzen Tag geschrubbt«-Look in Ihrer Küche haben wollen, ohne die »Ich hab den ganzen Tag geschrubbt«-Erfahrung durchlebt zu haben, dann haben Sie Glück! Hier kommen ein paar der besten Tipps, wie Sie das meiste aus Ihrer Küchenputzzeit herausholen:

 Wenn Sie nicht sonderlich erpicht darauf sind, jeden klebrigen Küchenschrank einzeln abzuwaschen, dann versuchen Sie es mal mit dieser Methode: Nehmen Sie sich einen Eimer, füllen Sie ihn halb mit warmem Seifenwasser, halb mit weißem Essig, und schnappen Sie sich einen Stapel Lappen. Als Erstes wischen Sie drei, vier Küchenschränke mit einem gut getränkten Lappen ab, dann warten Sie etwa dreißig Sekunden und wischen mit einem nur leicht angefeuchteten Lappen nach, der die verbleibende Feuchtigkeit aufsaugt. Lassen Sie die Lauge für sich arbeiten, wenden Sie keine Kraft an. Schrubben ist hier weder notwendig noch erlaubt! Diese Methode greift Ihre Küchenschränke auf die Dauer sehr viel weniger an, außerdem müssen Sie so keine Knochenarbeit leisten, um jeden Marmeladen- oder sonstigen Fleck einzeln von den Schranktüren zu bekommen.

Hat sich auf den Fugen Ihres Fliesenspiegels in der Küche eine leichte Fettschicht abgelagert, dann rühren Sie eine Paste aus Natron und Wasser an und schrubben Sie Ihre Fugen mit einer alten Zahnbürste.

Am einfachsten und schnellsten reinigen Sie ein weißes Keramikbecken mit einem Produkt, das sich bereits in Ihrer Küche befindet. Rühren Sie in einer kleinen Schüssel eine Paste aus Natron und Spülmittel an, wobei Sie in etwa eine viertel Tasse Natron (50 g) mit ausreichend Spülmittel mischen, sodass eine schöne flüssige Paste entsteht. Nehmen Sie einen weichen Lappen, polieren Sie damit vorsichtig Ihr Spülbecken und spülen Sie es danach durch – es wird wieder strahlen wie am ersten Tag! Sollten Sie schon versucht haben, Flecken aus Ihrer Spüle zu bekommen, indem Sie stundenlang aggressive Mittel einwirken ließen, nur um hinterher vom Ergebnis enttäuscht zu sein, dann werden Sie angenehm überrascht sein, wie effizient eine solch einfache Lösung sein kann.

Ein stumpfes und mattes Edelstahlspülbecken bekommen Sie wieder glänzend, indem Sie es mit einer Lauge zur Hälfte aus Wasser, zur Hälfte aus weißem

Essig auffüllen. Lassen Sie die Mischung etwa eine Stunde lang einwirken und schrubben Sie dann alle Oberflächen, inklusive Abfluss, mit einer Bürste mit mittelharten Borsten ab. Sollte Ihr Spülbecken alt und voller Kratzer und Dellen sein, dann vollführen Sie kreisförmige Bewegungen mit einem Scheuerschwamm, so können Sie die Kratzer wegpolieren.

Sollte Ihr Geschirrspüler einmal nicht so gut funktionieren wie sonst, dann lassen Sie ihn einen kurzen Spülgang leer laufen. Hinterher wird Ihr Geschirr wieder glänzen und alles frisch und sauber riechen. Stellen Sie eine spülmaschinenfeste Schale mit weißem Essig zum Spülgang in den oberen Korb. Danach streuen Sie etwas Natron auf den Boden Ihres Geschirrspülers und lassen ihn nochmals laufen. Wiederholen Sie diese Schritte einmal pro Monat, dann läuft er zuverlässig und problemlos weiter!

Sie können Ihren eigenen »Klarspüler« für die Geschirrspülmaschine herstellen, damit Ihr Geschirr strahlend sauber wird und keine trüben Stellen aufweist, indem Sie zu jedem Spülgang eine Tasse voll Essig in den oberen Korb stellen. Geben Sie den Essig jedoch niemals direkt in den Behälter für Spülmittel oder Klarspüler, da Essig, wenn er sich dort festsetzt und wochenlang in der Maschine bleibt, die Funktion derselben beeinträchtigen oder diese gar beschädigen kann.

Mit einem kleinen Trick können Sie zudem noch mehr Zeit sparen, als Sie denken: Räumen Sie Ihre Geschirrspülmaschine so ein, dass ähnliche Artikel nebeneinanderstehen. Alle Gabeln in die gleiche Ecke des Besteckbehältnisses, alle Tassen auf die eine Seite, alle Gläser auf die andere, alle großen und alle kleinen Teller zusammen etc. Das klingt dämlich, aber Sie vergeuden tatsächlich viel Energie, wenn Sie beim Ausräumen ständig zwischen verschiedenen Schränken hin- und hergehen müssen.

Sind Essensreste in Ihrer Lieblingspfanne oder Ihrem Lieblingstopf angebrannt, dann lassen Sie die Töpfe in Wasser einweichen und geben ein Trocknertuch dazu. Füllen Sie dazu entweder das Spülbecken mit Wasser und geben Sie den Topf und das Trocknertuch dort hinein, oder aber Sie füllen den Topf mit Wasser und werfen das Trocknertuch direkt in den Topf. Lassen Sie das Ganze ein paar Stunden (bei hartnäckigen Flecken über Nacht) einwirken, danach lässt sich alles ganz einfach abwischen.

Auch Töpfe mit Kupferböden können ganz leicht wieder zum Strahlen gebracht werden. Nehmen Sie eine halbe Zitrone, tauchen Sie diese in Salz und benutzen Sie die Zitrone dann direkt als Schwamm auf der Kupferfläche. Im Gegensatz zu anderen Lösungsansätzen kann man das Ergebnis hier sofort bestaunen!

Wenn Ihr liebstes Backblech auch schon einmal besser ausgesehen hat, dann frischen Sie es wieder auf, indem Sie eine Paste aus Wasserstoffperoxid und Natron zum Putzen verwenden. Sollte Ihr Backblech stark verschmutzt sein, dann lassen Sie die Paste über Nacht einziehen.

Damit ein neues Backblech sauber und in Topform bleibt, legen Sie es mit Backpapier oder Alufolie aus, wenn es zum Einsatz kommt, insbesondere wenn Sie beim Kochen Fett oder Öl verwenden.

Trübes Geschirr bekommen Sie mit einer Lösung aus Essig und Wasser wieder sauber. Weist Ihr Geschirr durch zu viele Waschgänge in der Spülmaschine bereits eine starke Trübung auf, dann stellen Sie es ein paar Stunden in ein halb mit Essig, halb mit Wasser gefülltes Spülbecken und wischen es danach mit einem feuchten Lappen sauber. Der Essig zaubert die trüben Ablagerungen darauf einfach weg.

Mit einem guten Vorrat an Scheuerschwämmen und weichen Schwämmen kann jedes aggressive chemische oder nicht-aggressive chemische Scheuermittel bei vielen der härtesten Jobs ausgestochen werden. Manchmal ist es am besten, sich Zeit und Frustration zu ersparen und einfach mit dem Schrubben anzufangen.

Eine weitere großartige Lösung für Eingebranntes: Sollte Ihr letztes kulinarisches Abenteuer eingebrannte Reste in Ihrer Lieblingspfanne zurückgelassen haben und sollte der Pfannengriff hitzebeständig sein, dann füllen Sie diese zur Hälfte mit Wasser, geben Sie ein paar Teelöffel Zitronensaft hinein und stellen Sie die Pfanne in den Ofen. »Kochen« Sie das Wasser mit dem Zitronensaft, bis es langsam vor sich hin blubbert, dann nehmen Sie einen Plastiklöffel oder Pfannenwender und kratzen die verkohlten

Essensreste vorsichtig ab. Diese werden sich ganz einfach und problemlos von der Pfanne lösen lassen.

Geben Sie Ihre Spülschwämme für zwei Minuten bei höchster Leistung in die Mikrowelle, um etwaige Keime abzutöten. So halten Ihre Schwämme länger und noch dazu reinigen sie so auch besser.

Säubern Sie Ihren Mixer, indem Sie warmes Wasser und ein paar Tropfen Spülmittel hineingeben und ihn ein paar Minuten anstellen. Danach spülen Sie ihn aus und schon ist er für das nächste Mal einsatzbereit.

Bringen Sie Ihr Besteck zum Strahlen, indem Sie es für eine halbe Stunde in einer Mischung aus Wasser und Essig, jeweils halb-halb, einweichen. Wischen Sie es danach mit einem feuchten Lappen ab und Ihr Besteck sieht wieder wie neu aus.

Stellen Sie Honiggläser, Flaschen mit Vanilleextrakt, Speiseöle, Essig und andere Übeltäter, die gerne tropfen oder klebrige Spuren hinterlassen, in Backförmchen aus Papier, damit Ihre Regale sauber bleiben. Sobald die Förmchen dreckig oder klebrig sind, tauschen Sie diese aus, damit sie kein Ungeziefer in die Küche locken.

Eine Herdplatte aus Glas, auf der schon zu häufig etwas übergekocht ist, kann eine richtig verzwickte und anstrengende Putzaktion nach sich ziehen. Falls Ihnen das bekannt vorkommt: Alles, was Sie hier brauchen, sind etwas Natron und ein paar feuchte Lappen.

Streuen Sie das Natron auf die gesamte Herdplatte, dann legen Sie die feuchten Lappen direkt darauf. Lassen Sie das Ganze etwa eine halbe Stunde einwirken, bevor Sie es mit den Lappen abwischen. Sollten noch Rückstände auf der Herdplatte sein, dann benutzen Sie einfach die Lappen, um das Natron an dieser Stelle etwas zu verreiben und zu entfernen, was auch immer sich hier noch hartnäckig hält.

Was Ihre schmutzigsten, schwärzesten, kuchenverkrustetsten Ofenroste betrifft, da brauchen Sie nur eine halbe Tasse Ammoniak (120 ml) und eine Plastiktüte. Verwenden Sie entweder kleinere Tüten, sodass Sie jeden Rost einzeln verpacken, oder aber eine große Mülltüte. Stellen Sie die Roste in die Tüte, geben Sie das Ammoniak hinzu und lassen Sie es über Nacht draußen einwirken. Holen Sie die Roste am nächsten Tag aus der Tüte und reiben Sie sie mit einem Lappen sauber.

Ein Bimsstein ist eine gute Alternative, um Eingebranntes aus dem Ofen zu entfernen, ohne auf aggressive Ofenreiniger zurückgreifen zu müssen. Der Bimsstein macht kurzen Prozess mit verkohlten Öl- und sonstigen Resten, ist dabei aber dennoch weich genug, sodass der Ofen im Inneren nicht zerkratzt wird. (Aber benutzen Sie einen sauberen Bimsstein, nicht den, mit dem Sie in der Dusche Ihre Füße bearbeiten, damit sie in Sandalen gut aussehen!)

Auch Abzugshauben sollten regelmäßig gereinigt werden, damit sie stets einwandfrei funktionieren. Benutzen Sie einen großen Topf mit kochendem Wasser, geben Sie etwa eine halbe Tasse Natron (100 g) hinzu und lassen Sie die Filter darin einweichen – das Ergebnis wird Sie erstaunen! Es kann sein, dass Sie die Filter erst von der einen, dann von der anderen Seite eintauchen müssen, falls diese nicht ganz in den Topf passen sollten.

Blitzschnelles
Wäschewaschen

Wäschewaschen ist vermutlich die Hausarbeit, über die man sich am häufigsten beschwert. Fast hat man den Eindruck, als würde man jeden Tag jemanden über seinen riesigen Wäscheberg stöhnen hören. Das Verrückte daran ist jedoch, dass die Wäsche der Punkt ist, den man am einfachsten in den Griff bekommt, sobald man nur winzige Änderungen in seiner Waschroutine vornimmt. Wenden Sie dazu noch ein paar raffinierte Tricks an, damit das Wäschewaschen effektiver und schneller vonstattengeht, dann werden Sie sich fragen, weshalb Sie Ihrem Wäscheberg

jemals so viel Beachtung geschenkt haben.

Lassen Sie Ihre Waschzeit schneller vergehen

Wer wünscht sich nicht ab und an, die Waschmaschine würde etwas schneller laufen? Selbst diejenigen unter uns, die insgeheim ganz gern Wäsche waschen, würden noch immer dieselbe Befriedigung und denselben Genuss aus ihrer Arbeit ziehen, wenn sie das Gefühl hätten, es wäre im Handumdrehen erledigt. Denn dann könnten sie ja noch ein bisschen mehr Wäsche waschen! Jippie! Okay, das war nur ein Scherz, also, für die meisten von uns...

Besser ich liste meine zeitsparenden Tipps gleich auf, sonst denken Sie noch, ich hätte völlig den Verstand verloren. Ganz egal, ob Sie gern Wäsche waschen oder es nichts Schlimmeres für Sie gibt, diese Tipps, die ich im Lauf der Zeit gesammelt habe, werden Ihnen gefallen und Ihnen dabei helfen, ein bisschen mehr Spaß am Wäschewaschen zu finden:

Wussten Sie, dass man die meisten Wäschestücke nicht mehr sortieren muss? Für mich gehört das Sortieren von Wäsche der Steinzeit an und ist hauptsächlich Zeitverschwendung. Ja, sicher, wenn ich einen ganzen Haufen richtig dreckiger weißer Fußballtrikots habe, die einen gesonderten Waschgang brauchen, weil sie vielleicht mal wieder etwas aufgehellt werden müssen, dann wasche ich diese natürlich separat, aber das ist eher der Sonderfall und gehört ganz bestimmt nicht zu den täglich anfallenden Alltagsaufgaben. Färbetechniken und Farbechtheit haben sich derart verbessert, dass man wirklich alles zusammen aus dem Wäschekorb in die Waschmaschine werfen kann. Also halten Sie sich nicht länger damit auf, Ihre Wäsche stundenlang zu sortieren!

Und wo wir gerade vom Sortieren sprechen – es gibt EINE Ausnahme. Organisieren Sie sich einen Extra-Wäschekorb für Kleidungsstücke mit Flecken, die Sie vor dem Waschen gezielt behandeln müssen. So sparen Sie wertvolle Minuten, in denen Sie ansonsten Ihre Schmutzwäsche durchwühlen müssten, um diese eine Hose mit den Grasflecken zu finden, außerdem werden Sie dann nicht vergessen, die Flecken zu behandeln, bevor Sie die Teile in die Waschmaschine stecken und vermeiden so, dass sich die unbehandelten Flecken im Trockner noch tiefer im Gewebe festsetzen können.

Versuchen Sie, jeden Tag mindestens eine Wascheinheit zu absolvieren (oder auch nur einen Teil einer Wascheinheit). Lassen Sie die Waschmaschine und den Trockner an einem Tag laufen, legen Sie die Wäsche am nächsten Tag zusammen und räumen Sie alles am dritten Tag in die Schränke. Wählen Sie ein System beim Waschen, das für Sie funktioniert. Wenn Sie Ihre Wäsche immer im Griff haben, ist es viel einfacher, sich darum zu kümmern, als wenn überall riesige Wäscheberge auf Sie warten, die Sie in Ihrem Elan ausbremsen und Sie regelrecht unter sich begraben.

Waschen Sie Ihre Kleidungsstücke nicht zu oft. Bei normaler Wäsche reicht ein »Kurzprogramm«, außerdem sparen Sie so bei jedem Waschgang schnell mal dreißig bis vierzig Minuten. Das summiert sich im Lauf der Zeit ganz schön! Und waschen Sie Ihre Wäsche nicht, wenn sie nicht dreckig ist. Bei einem Pullover, den Sie eine Stunde lang beim Einkaufen über einem T-Shirt getragen haben, reicht es für gewöhnlich, wenn Sie ihn etwas auslüften lassen, der muss nicht gleich in die Waschmaschine und in den Trockner. Wenn Sie das beherzigen, sehen Ihre Kleidungsstücke länger neu aus; es ist also durchaus sinnvoll, nur die Dinge zu waschen, die wirklich gewaschen werden müssen. Es gibt sogar Leute, die behaupten, dass man Jeans nie waschen, sondern sie einfach nur in die Tiefkühltruhe legen sollte, um muffige Bakterien abzutöten. Mal unter uns gesagt, das finde ich persönlich dann doch etwas abstoßend... aber Sie verstehen, worauf ich hinauswill.

Seien Sie organisiert. Bewahren Sie alles, was Sie in der Waschküche benötigen könnten, in Reichweite auf. Dazu gehören: ein kleiner Mülleimer für Fussel, ein Korb für einzelne Socken, ein Korb, um stark verschmutzte Kleidung, die Sie vorbehandeln müssen, separat aufzubewahren, und ein Behältnis oder eine Schale für irgendwelche rätselhaften Dinge, die Sie in diversen Hosentaschen oder im Trockner vorfinden. Ganz egal, wie oft ich die Hosentaschen kontrolliere, immer wirbelt dann doch wieder ein Traktorschlüssel durch den Trockner! Von daher ist es gut, wenn wir uns einen Ort zulegen, an dem wir diese Dinge später auch wiederfinden!

Lassen Sie Ihren Trockner immer bei niedriger Temperatur und mit vollautomatischem Programm auf »Bügeltrocken« oder »Schranktrocken« laufen und nicht etwa auf »Extratrocken« bei hoher Temperatur. Das trägt zum einen ebenfalls dazu bei, dass Ihre Kleidung länger neuwertig aussieht, und unterm Strich ist es schneller, als wenn Sie bei jeder Trocknerladung immer das ganze Programm durchlaufen lassen. Das automatische Programm erspart es Ihnen, gewisse Kleidungsstücke wieder zurück in den Trockner legen zu müssen, weil sie noch zu nass sind, während andere bereits zusammengelegt und weggeräumt werden können.

Etwas Zeit sparen Sie auch, wenn Sie jeder Ladung ein großes trockenes Handtuch beifügen, das die zusätzliche Nässe aufsaugt und die Trocknerzeit so ebenfalls verkürzt.

Umwickeln Sie Ihr Bügelbrett unter dem Bezug mit Alufolie (die glänzende Seite nach oben) und Ihre

Bügelzeit halbiert sich, weil Ihre Kleidungsstücke jetzt von beiden Seiten beheizt werden.

Gestalten Sie Ihre Waschzeit effizienter

Was für einen Sinn ergibt es, Wäsche zu waschen, wenn Ihre Sachen dabei nicht sauber werden? Hier ein paar meiner Lieblingstipps, um sicherzustellen, dass Sie bei jeglichem Wäscheproblem wirklich wissen, was zu tun ist.

Benutzen Sie beim Vorbehandeln von Flecken nur handwarmes oder kaltes Wasser. Sehr heißes oder eiskaltes Wasser kann dazu beitragen, dass sich Flecken permanent im Stoff festsetzen.

Frischen Sie Ihre Handtücher alle paar Monate auf, um so ihre Saugkraft wiederherzustellen und ihren muffigen Geruch loszuwerden. Geben Sie vor dem Befüllen der Maschine eine halbe Tasse Natron (100 g) in die Trommel, lassen Sie die Maschine laufen und waschen Sie Ihre Handtücher ein zweites Mal, dieses Mal mit einer halben Tasse Essig (120 ml) statt mit Waschmittel. Geben Sie sie zum Schluss ohne Trocknertuch in den Trockner, dann sind Ihre Handtücher so gut wie neu.

Bewahren Sie ein paar Whiteboardstifte in Ihrer Waschküche auf, damit Sie sich direkt auf dem Trockner oder der Trocknertür Notizen zu Kleidungsstücken machen können, die luftgetrocknet werden müssen.

Geben Sie einen Teelöffel Speisesalz (5 g) beim Waschen zu Ihrer Wäsche, dann bleiben die Farben strahlender und werden auch bei den wenigen Stücken nicht ausgewaschen, die noch immer dafür anfällig sind.

Stellen Sie Ihren eigenen Wäscheduft her, damit Ihre Wäsche länger frisch riecht, indem Sie drei Tassen Natron (620 g), drei Tassen Epsom Salz (725 g), dreißig Tropfen ätherisches Orangenöl und dreißig Tropfen ätherisches Lavendelöl mischen. Geben Sie zu jedem Waschgang etwa eine viertel Tasse (50 g) direkt auf die Wäsche in der Trommel.

Sie können auch Ihren eigenen Aufheller zum Einweichen herstellen, indem Sie eine Tasse Wasserstoffperoxid (240 ml), eine viertel Tasse Zitronensaft (60 ml) und zwei Tassen Wasser (475 ml) miteinander vermischen. Bewahren Sie das Gemisch in einem Schraubglas auf und geben Sie es über weiße Wäsche, die mal wieder aufgefrischt werden muss, bevor Sie die Waschmaschine anstellen. Bei richtig unansehnlichen Flecken lassen Sie die Mischung am besten über Nacht einwirken. Das funktioniert bei Kleidung, Kissen, Bettwäsche und Handtüchern, und durch den Zitronensaft riecht alles auch herrlich frisch!

Überlassen Sie der Sonne die schwere Aufgabe der Fleckenentfernung. Wir alle wissen, dass die Sonne ausbleichend auf Möbel, Teppiche und Bilder wirkt, die sich neben einem sonnenbeschienenen Fenster befinden, warum also sollten wir daraus keinen Nutzen ziehen? Wenn Sie einen richtig fiesen Fleck haben, der sich einfach nicht entfernen lassen will, dann hängen Sie besagtes Stück an einem heißen Tag zum Trocknen doch mal draußen in der Sonne auf. Das ist gleichzeitig auch ein großartiger Tipp für weiße Wäsche, nachdem Sie sie aufgehellt haben.

Reinigen Sie Ihre Waschmaschine regelmäßig, damit Ihre Wäsche nicht unangenehm riecht und ein zweites Mal gewaschen werden muss (oder Sie irgendwann durch die Gegend laufen und sich fragen, was denn hier so komisch riecht, bis Sie feststellen, dass es Ihr Pullover ist). Dazu müssen Sie Ihre Maschine nur leer als heiße Koch- oder Buntwäsche laufen lassen und dazu zwei Tassen Essig (480 ml) direkt in die Trommel geben. Lassen Sie sie dann noch einmal im Kochwäschemodus ohne irgendwelches Waschmittel oder Essig laufen, damit keine Rückstände zurückbleiben.

Stellen Sie ganz einfach Ihr eigenes Spray zur Faltenglättung her, um Falten aus Kleidungsstücken zu bekommen, die schon etwas länger ungefaltet im Wäschekorb herumliegen. Mischen Sie dafür eine viertel Tasse flüssigen Weichspüler (60 ml) und eine viertel Tasse Essig (60 ml) in einer leeren Sprühflasche und füllen diese mit Wasser auf. Das Ganze gut schütteln, und schon Sie sind auf dem besten Weg zu faltenfreier Kleidung.

Traumaberatung bei *hartnäckigen* Flecken

Missgeschicke passieren einfach. Wenn es dazu kommt, dann sollten Sie die Flecken mit den nachfolgenden Mitteln und Techniken wieder beheben können.

Sofern keine andere Methode genannt wird, geben Sie diese Fleckenmittel direkt auf den Fleck:

Beeren: kaltes Wasser + Essig oder warmes Wasser + Wasserstoffperoxid + Natron. Lassen Sie das warme Wasser durch den Fleck in eine Schale fließen und verreiben Sie danach die Paste aus Wasserstoffperoxid und Natron direkt auf dem Fleck.

Blut und andere Körperflüssigkeiten: Salz + kaltes Wasser oder Wasserstoffperoxid. Geben Sie einen Teelöffel Salz (15 g) in eine Schüssel mit Wasser und lassen Sie das Ganze über Nacht einwirken.

Deo: Natron + Wasserstoffperoxid + Wasser

Farbe: Haarspray + eine Bürste mit harten Borsten. Sprühen Sie erst das Haarspray auf den Fleck, lassen Sie es ein paar Minuten einwirken, dann bürsten Sie die Farbe vorsichtig mit der Bürste ab.

Fleisch und Bratensoße: Spülmittel + warmes Wasser + Natron

Gras: Essig + Spülmittel + kaltes Wasser. Geben Sie großzügig Essig auf den Fleck und lassen Sie ihn dann in kaltem Wasser und Spülmittel einweichen.

Grillsoße: kaltes Wasser + Essig + Spülmittel

Haarfärbemittel: Haarspray + warmes Wasser + Waschmittel. Sprühen Sie den Fleck gut mit Haarspray ein und lassen Sie es eine halbe Stunde lang einwirken, danach von Hand mit Waschmittel und warmem Wasser auswaschen.

Kaffee: Wasser + Essig

Kaugummi: Eis. Reiben Sie mit einem Eiswürfel über den Kaugummi, bis er gefroren und hart ist, sodass er sich leicht vom Stoff entfernen lässt.

Kerzenwachs: Bügeleisen + Papiertücher. Legen Sie die Papiertücher auf den Wachsfleck und bügeln Sie darüber, sodass das flüssige Wachs vom Papiertuch aufgesaugt wird.

Klebstoff: kaltes Wasser + Wasserstoffperoxid + Natron. Mischen Sie die drei Bestandteile und lassen Sie diese Mischung auf den Fleck einwirken, bis er weich genug ist, um ihn zu entfernen oder abzuwaschen.

Kohle oder Asche: kaltes Wasser + Spülmittel

Kreide: Natron + trockener Lappen. Streuen Sie Natron auf den Fleck, dann reiben Sie mit einem Lappen darüber.

Kugelschreiber: Haarspray und Wasser. Haarspray auf den Fleck sprühen, ein paar Minuten einwirken lassen, dann mit warmem Wasser auswaschen.

Make-up (Augen-Make-up): Make-up-Entferner ohne Öl + Spülmittel

Make-up (Foundation): Rasiercreme + sauberer Lappen. Geben Sie die Rasiercreme direkt auf den Fleck und lassen Sie sie ein paar Minuten einwirken, dann tupfen Sie das Make-up vorsichtig mit einem trockenen Lappen aus dem Stoff.

Make-up (Lippenstift): Haarspray und kaltes Wasser

Marker oder Filzstift: Spiritus + Papiertuch. Geben Sie den Spiritus direkt auf den Fleck und saugen Sie die Farbpigmente dann vorsichtig mit dem Papiertuch auf; wechseln Sie immer wieder zu einer sauberen Stelle, nachdem sich Farbpigmente auf dem Papiertuch abgesetzt haben.

Nagellack: Nagellackentferner ohne Aceton

Öl oder Fett: Natron + Spülmittel, Kalk oder Spiritus

Rost: Weinstein + Wasserstoffperoxid. Mischen Sie die beiden zu einer Paste, die Sie direkt auf den Fleck reiben.

Rote Bete: kaltes Wasser + Wasserstoffperoxid + Natron

Rotwein oder Traubensaft: Weißwein oder Wasserstoffperoxid

Schlamm oder Dreck: Spülmittel + warmes Wasser

Schokolade: warmes Wasser + Spülmittel. Waschen Sie den Fleck von der anderen Seite mit warmem Wasser aus und verwenden Sie danach das Spülmittel.

Senf: kaltes Wasser + Wasserstoffperoxid + Natron + Spülmittel. Spülen Sie den Fleck erst mit kaltem Wasser aus und rühren Sie dann eine Paste aus den drei anderen Bestandteilen an, die Sie direkt auf den Fleck geben.

Softdrinks, Limo und Co: Spülmittel + Essig

Süßigkeitenflecken: Natron + Wasser oder Zitronensaft

Tomate (Soße, Ketchup): Essig + Spülmittel + kaltes Wasser

Ein paar ganz allgemeine Tipps

Bevor Sie mit der Fleckenbehandlung beginnen, spülen Sie den Fleck von hinten mit lauwarmem Wasser aus dem Gewebe. Es hilft, den Fleck geradewegs in entgegengesetzter Richtung aus dem Stoff zu waschen, statt ihn weiter in den Stoff hineinzuspülen, wodurch er sich ordentlich festsetzen kann.

Sehr viele Flecken können mit dieser Eins-a-Fleckenausspülmethode ganz hervorragend entfernt werden. Halten Sie das Stück Stoff mit dem Fleck über eine große Schüssel, und zwar so, dass die Seite mit dem Fleck nach unten schaut, das ist sehr wichtig. Nehmen Sie vier Tassen warmes Wasser (950 ml) und lassen Sie es von hinten durch den Fleck in die Schüssel fließen. Für viele Leute ist das eine neue Herangehensweise an die Fleckenentfernung, da man den Fleck herauswäscht, statt ihn mit aggressiven Mitteln zu behandeln oder an ihm herumzureiben, und tatsächlich erzielt man damit sehr häufig ein ganz gutes Ergebnis.

Zeit ist von größter Wichtigkeit!

Behandeln Sie einen Fleck, sobald Sie ihn entdecken. Oder besser gesagt: Behandeln Sie ihn, sobald es die Situation erlaubt. Je weniger Zeit ein Fleck hatte, sich in dem Stoff festzusetzen, umso einfacher lässt er sich entfernen.

Zeit ist Ihr Freund!

Haben Sie einen richtig hartnäckigen Fleck vor sich (höchstwahrscheinlich auf Ihrem Lieblingsshirt), dann geben Sie nicht auf. Wenn ein bisschen Einweichen und Behandeln nicht hilft, dann weichen Sie ihn eben länger ein.

Zehn Dinge, die *Ihre Mutter* Ihnen über Haushaltsführung hätte sagen sollen

Ein paar Weisheiten über Haushaltsführung, die über Generationen hinweg weitergegeben wurden, sind auch heutzutage noch hilfreich, bei anderen ist das weniger der Fall. (Die Saugglocke verwenden, um Socken sauber zu bekommen? Echt jetzt?) Vertrauen Sie den Tipps und Tricks Ihrer Vorfahren, die in dieser Liste aufgeführt sind.

Manchmal weiß es eine Mutter tatsächlich am besten.

Erste Weisheit

 Saubergemacht werden muss jeden Tag und nicht nur einmal pro Woche

Im Lauf der Zeit haben wir alle irgendwann scheinbar aufgehört, Saubermachen als eine tägliche Angelegenheit zu betrachten, und stattdessen versucht, alles in den winzigen Samstagvormittag zu quetschen. Technologische Fortschritte haben uns unumstritten gewisse Arbeiten erleichtert, und vieles geht uns heutzutage auch schneller von der Hand, dennoch steigt der innere Seelenfrieden ungemein, wenn man mit den täglich anfallenden Arbeiten Schritt hält und nicht abwartet, bis dieses Chaos ausartet.

Zweite Weisheit

 Geben Sie mehr Geld für Ihre Gerätschaften als für Ihre Putzmittel aus

Besen, Wischmopps, Staubwedel oder Staubsauger von guter Qualität halten Jahre, vielleicht sogar Ihr ganzes Leben, wenn Sie sie pfleglich behandeln, und noch dazu erleichtern sie Ihnen das Leben ungemein. Trotzdem erliegen wir gerne mal der Vorstellung einer billigen, schnellen Lösung, die uns irgendein Zaubermittel aus dem Regal im Supermarkt verspricht. Sobald Sie jedoch einmal Putzgeräte von guter Qualität in der Hand hatten, werden Sie wissen, wer tatsächlich für den großen Unterschied verantwortlich ist.

Dritte Weisheit

 Mit Essig bekommt man so ziemlich alles sauber

Nicht alle angebotenen Putzmittel werden überbewertet, aber 99 Prozent davon schon. Wenn Sie nur ein Putzmittel bei sich unterbringen können, dann sollte das weißer Essig sein. Den kann man wirklich für nahezu alles verwenden.

Vierte Weisheit

 Alles sauber hinterlassen

Vorbeugen ist alles! Wenn Sie aus einem Zimmer gehen, dann verlassen Sie es ordentlich, dann wird auch Ihr Zuhause immer ordentlich erscheinen. So einfach ist das!

Ein Zimmer ordentlich und sauber zu hinterlassen, geht außerdem tatsächlich sehr viel schneller, als wenn Sie versuchen müssen, ein ausgewachsenes Chaos in den Griff zu bekommen.

Fünfte Weisheit

 Es ist eine Kunst, einen Haushalt zu führen

Einen Haushalt zu führen ist eine wichtige Arbeit und wirkt sich auf jeden in diesem Zuhause je nach Bereich unterschiedlich stark aus. Es ist eine Kunst, aber auch eine Wissenschaft und sogar ein Business. Vergangene Generationen wussten um die Wichtigkeit dieser Aufgabe und zollten ihr den Respekt, die benötigte Zeit und Achtsamkeit, die sie verdient. Außerdem bewunderte man die Seele des Hauses für einen ordentlich erledigten Job, wie es sich im Grunde genommen auch gehört. Begegnen Sie Ihrem Zuhause und der Arbeit, die Sie darin verrichten, mit dem Respekt, den sie verdienen, dann werden Sie am Ende des Tages unendlich dafür belohnt.

Sechste Weisheit

 Etablieren Sie eine Routine, die für Sie funktioniert und Ihnen Spaß macht

Sich einen bestimmten Ablauf für alltägliche Hausarbeiten zuzulegen, hilft einem dabei, die anfallenden Arbeiten im Autopilotmodus zu verrichten. Allerdings ist es wichtig, dass Sie Abläufe entwickeln, die auf Sie abgestimmt sind und für Sie funktionieren, und nicht etwa die eines anderen kopieren. Sobald Sie Ihre Abläufe etabliert haben, wird es sich so anfühlen, als würden sich diese vielen kleinen täglichen Pflichten ganz von allein erledigen, ohne dass Sie großartig darüber nachdenken oder sich den Kopf darüber zerbrechen müssten. Mal im Ernst: Sie können Ihr Köpfchen doch für ganz andere Dinge verwenden als darauf, sich zu überlegen, wann Sie denn nun endlich den Geschirrspüler ausräumen werden.

Siebte Weisheit

Teilen Sie eine Mammutarbeit in viele kleine Schritte auf

Es ist absolut in Ordnung, sich bei großen Aufgaben oder solchen, die einem zumindest wie eine riesige Aufgabe vorkommen, überfordert zu fühlen, weil man einfach keine Lust auf sie hat. Das geht uns allen so! Also lassen Sie uns diese Aufgaben in winzig kleine Häppchen aufteilen, dann wirken sie nicht mehr so einschüchternd und können Stück für Stück von Ihnen erledigt werden. Ein weiterer kleiner Vorteil beim Herunterbrechen einer Mammutarbeit besteht darin, dass es einfacher wird, Teile davon zu delegieren, für den Fall, dass Sie zufällig ein paar Helfer um sich haben sollten ...

Achte Weisheit

Achten Sie zuallererst auf sich selbst

Lassen Sie sich durch das Putzen und die Hausarbeit nicht das Gefühl vermitteln, Sie würden von etwas Wichtigerem abgehalten, das dringend erledigt werden muss. Es ist sehr wichtig, dass Sie zuallererst auf sich achten, damit Sie ganz im Hier und Jetzt sind und hundert Prozent geben können, ohne abgelenkt zu sein. Stellen Sie sicher, dass Sie etwas gegessen haben und ausgeruht genug sind, dass Sie genug getrunken haben und bequeme Kleidung tragen, damit Sie voller Zuversicht durch den Tag kommen, ganz egal, was dieser für Sie bereithält. So wird Ihnen alles besser und schneller von der Hand gehen, außerdem werden Sie sich auf Dauer besser fühlen, wenn Sie die anfallenden Dinge bei sich zu Hause erledigt bekommen.

Neunte Weisheit

 Arbeiten Sie intelligenter, nicht härter

Bestimmt haben Sie diesen Spruch schon gehört, bis heute ist das jedenfalls der beste Weg, um etwas erledigt zu bekommen. Überlegen Sie sich im Vorfeld, wie Sie jede der Aufgaben auf Ihrer To-do-Liste in Angriff nehmen wollen – zum Beispiel indem Sie dieses Buch lesen! –, dann werden Sie feststellen, dass sich die Dinge so besser und schneller erledigen lassen, als wenn Sie einfach nur versuchen, härter zu arbeiten, dabei jedoch wie bisher vorgehen.

Zehnte Weisheit

 Mit der Zeit werden Sie immer besser

Natürlich werden Sie nicht über Nacht lernen, wie Sie zur Queen of Clean (oder zum King of Clean) werden, egal, wie sehr Sie sich das wünschen. Das Gute ist jedoch, dass Sie immer besser auf diesem Gebiet werden, Schritt für Schritt, solange Sie Ihre Haushaltsroutine nicht aus den Augen lassen und ihr Zeit und Aufmerksamkeit schenken. Es werden immer wieder neue Herausforderungen auf Sie zukommen, aber diese Herausforderungen bringen neue Fähigkeiten und neues Wissen mit sich, das Sie zu Ihrer Trickkiste hinzufügen können. Sind Sie schon so clever gewesen, zu diesem Buch zu greifen und zu versuchen, Ihre Fertigkeiten in Sachen Haushalt etwas zu erweitern, so sind Sie auch clever genug, um im Handumdrehen herauszufinden, wie Sie Ihren Haushalt am besten in Schuss halten.

Ein auf *Hochglanz* poliertes Badezimmer

Ein glänzendes Badezimmer ist wie ein Juwel in der Krone Ihres Zuhauses.

Von mir, einer eher unbegabten Poetin

Zugegeben, vielleicht ist es nicht gerade die beste Idee, poetisch zu werden, wenn es darum geht, das Badezimmer sauber zu bekommen. Ein auf Hochglanz poliertes Badezimmer bedarf keiner verbalen Schnörkel, es ist für sich genommen eine unglaublich tolle Befriedigung und für jeden einfach ein Genuss. Lesen Sie weiter, dann können Sie sich meine Tipps einprägen und selbst immer ein solches Badezimmer haben:

Bevor Sie zu Sprays und anderen Flüssigreinigern greifen, stauben Sie Ihr Badezimmer zunächst einmal ab. Badezimmer sind regelrechte Staubmagnete, und wenn Sie erst einmal alle Fusseln und Staubkörnchen entfernt haben, bekommen Sie den Rest in der Hälfte der Zeit blitzsauber.

Erwärmen Sie Ihr Badezimmer vor dem Putzen, dann arbeiten Ihre Reinigungsmittel doppelt so effektiv. Lassen Sie dazu vor dem Putzen einfach ein paar Minuten lang die Dusche laufen, schon leistet der Dampf Vorarbeit für Sie und löst den Schmutzfilm.

Ein aufgeräumtes Badezimmer lässt sich sehr viel schneller und einfacher in Schuss halten. Stellen Sie daher möglichst wenig auf den Ablageflächen ab, mal abgesehen von Seife und dem einen oder anderen dekorativen Gegenstand.

Entfernen Sie kalkhaltige Ablagerungen von Wasserhähnen und den umgebenden Bereichen, indem Sie sie eine Stunde lang in Essig einweichen und danach sauber wischen. Sind nur die Stellen betroffen, an denen das Wasser aus den Hähnen kommt, dann füllen Sie einfach eine Plastiktüte mit Essig und befestigen Sie diese mit einem Gummiband, sodass die Problembereiche in Essig getaucht sind. Haben Sie überall Kalkablagerungen, dann tränken Sie ein paar Lappen in Essig und legen Sie diese auf besagte Kalkablagerungen. Je länger sich solche Ablagerungen ansammeln, umso schwieriger wird es, sie zu entfernen; machen Sie also möglichst regelmäßig sauber, damit es bei Ihnen im Bad nur so blitzt und strahlt.

Wollen Sie Ihren Badezimmerspiegel direkt nach dem Duschen benutzen, wenn dieser für gewöhnlich beschlagen ist, dann probieren Sie es doch mal damit: Verteilen Sie eine Schicht billigen Rasierschaum auf den Spiegeln und Glastüren, nachdem Sie beides wie gewöhnlich geputzt haben. Reiben Sie den Rasierschaum anschließend einfach mit einem sauberen, trockenen Lappen ab, bis der Spiegel strahlt. Tadaa! Nie wieder beschlagene Spiegel!

Ihre Duschtüren aus Glas und sogar Ihre Spiegel im Badezimmer können Sie mit einem wasserabweisenden Produkt einsprühen, das man eigentlich für Autoscheiben verwendet, dann bleiben Wassertropfen gar nicht erst daran hängen. Das ist eine weitere Möglichkeit, mit der Sie verhindern, dass Ihre Spiegel beschlagen.

Um Staub und Ablagerungen rasch und einfach aus Ihren Ventilatoren im Badezimmer zu pusten, verwenden Sie am besten ein Druckluftspray.

Entfernen Sie Seifenschaum von Duschtüren aus Glas oder von den Wänden, indem Sie sie mit einem feuchten, bereits benutzten Trocknertuch abwischen. So werden Sie den Schaum im Handumdrehen los!

Beugen Sie dem Entstehen von rostigen Stellen in der Dusche vor, indem Sie die Unterseite von Behältnissen aus Metall mit durchsichtigem Nagellack bestreichen. Der Nagellack verhindert, dass die Metallfläche direkt mit Wasser in Berührung kommt, so kann also erst gar kein Rost entstehen.

Mit einer Paste aus Spülmittel und Natron bekommen Sie auch die dreckigste Badewanne sauber. Reiben Sie die Wanne mit einem Tuch ab, das Sie zuvor in die Paste getaucht haben, und spülen Sie die Badewanne anschließend aus.

Verstopfte Ausgüsse bekommen Sie ohne Chemiekeule frei, indem Sie eine halbe Tasse Natron (100 g), gefolgt von einer halben Tasse Essig (120 ml) in den Abfluss geben und diesen gleich darauf verschließen.

93

Lassen Sie das Ganze etwa zehn Minuten einwirken und spülen Sie den Abfluss anschließend mit Heißwasser durch. Wird dies regelmäßig durchgeführt, dann verstopfen Ihre Abflüsse gar nicht erst.

Ein altes, sauberes Mascarabürstchen hat die ideale Größe, um Haare oder Fell aus dem Abfluss zu entfernen (beides bleibt ganz wunderbar darin hängen). Außerdem ist das weniger widerlich, als zu versuchen, den Abfluss mit den Fingern sauber zu bekommen.

Sollte Ihnen die Vorstellung gefallen, Ihre Dusche nie wieder schrubben zu müssen, dann bewahren Sie eine extra Spülbürste in der Dusche auf und bürsten Sie damit Wände und Duschwanne ab, während Sie gerade duschen, dann können sich hier erst gar keine Seifenrückstände ablagern. Ob Sie eine Bürste mit integriertem Spülmittelspender oder aber eine ganz einfache Bürste verwenden, spielt hierfür keine Rolle – beide führen zum gewünschten Ergebnis! Und wenn Sie die Duschkabine mit Ihrem Handtuch sauber reiben, nachdem Sie sich selbst abgetrocknet haben, dann blitzt es bei Ihnen umso mehr.

Wenn es wieder mal an der Zeit ist, Ihren Duschvorhang zu waschen, dann werfen Sie ein altes Handtuch mit in die Waschmaschine und den Trockner, so werden Seifenrückstände noch wirksamer entfernt.

Achten Sie darauf, dass die Luft in Ihrem Badezimmer zirkulieren kann, damit sich nicht zu viel Dampf ansammelt, der zu Schimmelbildung führen könnte.

Öffnen Sie ein Fenster oder zumindest die Badezimmertür und schieben Sie auch den Duschvorhang zur Seite, sollten Sie bereits Probleme mit Schimmelbildung haben. Ziehen Sie den Duschvorhang wieder auf, sobald die Duschwanne trocken ist, damit auch dieser auslüften kann.

Gießen Sie vor dem Putzen einen großen Eimer Wasser in die Toilette. Dadurch fließt das ganze Wasser aus der Toilettenschüssel ab, ohne dass diese sich erneut mit Wasser füllt. Das tut sie erst, wenn Sie die Toilettenspülung betätigen. Ihr Putzmittel kommt so mit einem größeren Bereich der Toilette in Kontakt und kann besser und wirksamer arbeiten.

Behandeln Sie hartnäckige Flecken in der Toilette mit einem Bimsstein. Dieser entfernt die Flecken innerhalb von Sekunden aus der Toilette, ohne diese zu zerkratzen.

Schrauben Sie die Toilettenbrille alle paar Monate ab und machen sie gründlich sauber, damit es hier weiterhin frisch riecht. Sie werden erstaunt sein, wie viel Dreck sich dort festsetzen kann... und es wird Sie vermutlich auch ein klein wenig ekeln.

Für den Feinschliff im Badezimmer empfehle ich Spiritus. Tränken Sie einen Lappen in Spiritus und wischen Sie damit über alle Flächen. So entfernen Sie fettige oder schmierige Rückstände, alles wird besonders strahlend, und noch dazu desinfizieren Sie Ihr Bad auf diese Weise.

Das Badezimmer ist eines der Zimmer, bei dem sich tägliches Saubermachen wirklich auszahlt. Jeden Tag einfach nur ein kleines bisschen kann einen großen Unterschied machen. Ein bisschen Wischen mit einem Lappen hier, ein bisschen Aufräumen da, und schon bald gehört das stundenlange intensive Schrubben und Wienern Ihres Badezimmers der Vergangenheit an.

So sieht es bei
Ihnen zu Hause
geradezu absurd
sauber aus

Vermutlich haben Sie nicht die Zeit, jeden Zentimeter Ihrer Wohnung mit einer alten Zahnbürste zu schrubben, dennoch kann Ihr Zuhause so aussehen und sich so anfühlen, als wäre dem so. In diesem Kapitel teile ich Ihnen ein paar der besten Tricks und Kniffe mit, wie Sie Ihrem Zuhause den

»Ich habe jede freie Minute mit Putzen zugebracht«-Look verpassen.

Ganz egal, ob Sie Ihre Freunde beeindrucken wollen, oder ob Sie Ihrem Mann/Ihrer Frau/Ihren Kindern/Ihrem Hund klarmachen wollen, dass Sie tatsächlich den ganzen Tag mit Putzen zugebracht haben, um eine besonders wohlige Atmosphäre für sie zu schaffen (für die sie verdammt noch mal dankbar sein sollten!) –, es gibt immer wieder Situationen, in denen wir wirklich wollen, dass anderen auffällt, wie hart wir geschuftet haben. Oder sie sollen zumindest denken, wir hätten unglaublich hart geschuftet. Das liegt ganz bei Ihnen. Natürlich räumen die meisten von uns regelmäßig auf und versuchen, dass ihnen die täglich anfallenden Arbeiten nicht über den Kopf wachsen (na ja, meistens zumindest), aber wir alle wissen, dass viele dieser täglichen Verrichtungen unbemerkt bleiben. Sie wissen ganz genau, worauf ich hier anspiele. Das gefürchtete Gefühl des »Ich schwöre, ich habe mich den ganzen Tag abgerackert, warum also kann ich nichts vorzeigen?« Mit diesen Tricks werden Sie die »Geboren, um zu putzen«-Attitüde verkörpern, egal ob bei Ihnen alles tipptopp ist oder Sie sich gerade einen oder vielleicht sogar drei Tage von Ihrer regelmäßigen Putzroutine freigenommen haben.

Versehen Sie alles mit einem Etikett

Ist in Ihrer Wohnung alles mit Etiketten versehen, dann führt das automatisch dazu, dass die Leute davon ausgehen, dass Sie Ihren Haushalt (und auch Ihr Leben) absolut unter Kontrolle haben. Aus irgendeinem Grund gehen wir automatisch davon aus, dass eine organisierte Person auch eine ordentliche Person sein muss. Ist jemand also so richtig organisiert, muss er zwangsweise auch so richtig ordentlich sein. Und eine über alle Maßen organisierte Person muss dann auch über alle Maßen beeindruckend... Okay. Ich höre schon auf. Sie wissen, wie es gemeint ist. Tatsächlich gibt es keine bessere Möglichkeit, um zu vermitteln: »Hey! Sieh her! Ich bin superorganisiert!«, als kleine, ordentliche Etiketten zu verwenden, vorzugsweise mit dem Computer erstellt und ausgedruckt, das sieht dann nämlich noch einen Tick ordentlicher aus, als von Hand beschriftet. Und natürlich bekommen Sie zusätzliche Extrapunkte, wenn auch Ihre Putzecke durchetikettiert ist. Das ist einer meiner Lieblingstipps, weil es eine einmalige Aktion ist, die quasi permanent anhält. Sobald Sie alles beschriftet haben, vermitteln Sie damit jedem Besucher bis in alle Ewigkeit den Eindruck, Sie hätten alles absolut im Griff. Ein kleiner, nicht unwesentlicher Vorteil davon ist, dass Sie damit vermutlich auch tatsächlich ein kleines bisschen organisierter werden – und zwar nicht nur zum Schein.

Immer schön langsam bei der Tiefenreinigung

Damit meine ich natürlich nicht, dass Sie diese gar nicht mehr durchführen sollen. Wenn Sie die nachfolgenden Vorschläge gelesen haben, werden Sie die Tiefenreinigung vermutlich sogar sehr viel häufiger in Angriff nehmen. Sie wissen schon, wenn Sie zum Beispiel alle Vorhänge abnehmen, waschen, bügeln und wieder aufhängen. Dann fällt das nie jemandem auf, wirklich nie. Da hätten Sie Ihre Vorhänge schon 35 Jahre lang völlig vernachlässigen müssen, denn normalerweise unterscheiden sich saubere Vorhänge nicht sehr von denen, die ab und an mit dem Staubsauger auf Vordermann gebracht werden. Bei Allergien ist es jedoch besser, sie zu waschen, außerdem verschafft es Ihnen ein gutes, befriedigendes Gefühl zu wissen, dass Sie sie gewaschen haben. Erledigen Sie diesen Arbeitsschritt jedoch in einem Aufwasch, dann laufen Sie wirklich Gefahr, es wieder einmal mit einem Fall von »Den ganzen Tag gearbeitet und doch nichts vorzuweisen« zu tun zu haben. Also immer schön langsam. Entspannen Sie sich. Lassen Sie sich Zeit. Hier müssen Sie clever vorgehen. Fangen Sie eine solche Hausarbeit an und machen Sie damit erst am nächsten Tag weiter. So sieht man, wie unglaublich detailorientiert Sie in Sachen Haushalt vorgehen. Lassen Sie die gewaschenen Vorhänge zum Beispiel auf dem Bügelbrett liegen und hängen Sie sie nicht gleich wieder auf. Oder weichen Sie sie über Nacht in der Waschmaschine ein. Warten Sie nicht darauf, dass in einem entspannten Moment die Sprache zufällig darauf kommt, dass Sie ja heute die Vorhänge gewaschen haben – denn mal ganz ehrlich, wer spricht beim Abendessen schon über so etwas? Zeigen Sie einfach, was gerade in Arbeit und noch nicht ganz abgeschlossen ist. Dann müssen Sie es nicht einmal ansprechen. Sie wissen, dass die anderen es wissen. Oh ja, das werden sie. Und das könnte als Motivation schon ausreichen, damit Sie Ihre Vorhänge von nun an regelmäßiger waschen. Oder alle Lampenschirme aus Glas putzen. Oder alle Fliegenfenster absaugen. Wenn Sie dafür bekannt waren, diesen größeren Arbeiten aus dem Weg zu gehen, weil sie nie jemandem aufgefallen sind, dann stehen die Chancen gut, dass sie von nun an von jedem beachtet werden, der zu Ihnen kommt. Außerdem werden die Leute Sie für einen regelrechten Sauberkeitsfanatiker halten und ganz beeindruckt sein. Es steht Ihnen natürlich frei, Ihre Besucher in das »Immer schön langsam«-Geheimnis einzuweihen, oder sich von ihnen mit Ihrem Sauberkeitsruhm feiern zu lassen. Ganz wie Sie wollen.

Verwenden Sie beim Dekorieren gedeckte Farben

Ab dem Zeitpunkt, als ich meine Räume in einem warmen Grau, meinem Lieblingsfarbton, gestrichen hatte, wirkte mein Zuhause mit einem Mal um ein Vielfaches sauberer auf meine Gäste. Sie können mir glauben, in unserem Zuhause wird *gelebt*, und wir haben hier auch alle Flecken, Schlieren sowie kleinere und größere Unfälle, wie sie in jedem Zuhause mit Kindern und Erwachsenen vorkommen. Warum also sollte jemand, der ganz bei Sinnen ist, Angst davor haben, sich auf eine Tasse Kaffee in mein Wohnzimmer einladen zu lassen, weil er befürchtet, er könnte etwas verschütten?

Als ich meine Nachbarin mit ihrem Baby zum ersten Mal zu mir eingeladen hatte, ging ich im Anschluss davon aus, dass sie Kaffee und Bananenbrot wohl einfach nicht mochte und dass es etwas unhöflich von mir gewesen war, ihr nichts anderes angeboten zu haben. Wochen später fand ich dann heraus, dass sie zu große Angst gehabt hatte, sie könnte etwas davon in meinem »wunderbar sauberen« Wohnzimmer verschütten oder herumkrümeln, also hatte sie lieber ganz darauf verzichtet. Ich habe in der Zwischenzeit erfahren, dass sie Kaffee und Kuchen über alles liebt, also will das schon etwas heißen. Mir war überhaupt nicht klar, wie um alles in der Welt sie auf die Idee kommen konnte, dass etwas Verschüttetes in meinem über alle Maßen kindererprobten Wohnzimmer ein Problem wäre. Und dann wurde mir klar – es lag an den Farben! Direkt nachdem ich den Raum gestrichen hatte, war mir selbst schon aufgefallen, dass ich das Gefühl hatte, der Raum wäre irgendwie sauberer, also kamen immer neue frische Grau- und strahlende Weißtöne hinzu, und mit jedem fühlte ich mich glücklicher. Ganz offensichtlich war es nicht nur mein Eindruck, das Farbschema in diesem Raum vermittelt wohl durchaus ein Gefühl von »integrierter Sauberkeit«, denn Ähnliches ist mir seitdem in anderen Räumen widerfahren, die in gedeckten Farben gestrichen waren. Wenn Sie das nächste Mal auf einen Kaffee bei mir vorbeikommen, dann erzähle ich Ihnen alles darüber, vorerst aber eine Liste mit sauber aussehenden Farben, die Sie in Ihr Dekoschema integrieren können:

- Weiches Grau

- Frisches, strahlendes Weiß

- Helles Blaugrau

- Marineblau

- Türkisblau

- Frisches Grün mit einem Tick Gelb

- Sehr sanfte Gelbtöne (auch mit ihnen können Sie eine saubere Atmosphäre vermitteln, allerdings ist es etwas schwieriger, den richtigen Farbton hinzubekommen)

Lassen Sie die Symmetrie für sich arbeiten

Sind Gegenstände symmetrisch angeordnet, dann ziehen sie die Blicke des Betrachters auf sich und erlauben es ihm, einen Moment lang dort zu verweilen. Davon können Sie in mehrfacher Hinsicht profitieren. Bis zu einem gewissen Grad kontrollieren Sie so, wohin die Blicke des

Besuchers wandern, sodass diesem zum Beispiel die hübschen Vasen auf dem Kaminsims oder die beiden schön angeordneten Stühle neben Ihrem Couchtisch auffallen, und nicht unbedingt die Ecken, in denen Sie in letzter Zeit nicht ganz so oft gesaugt haben, oder das Bücherregal, das Sie dringend mal wieder abstauben müssten. Symmetrie in einem Raum anzuwenden ist nur einer dieser kleinen Tricks, die den Eindruck vermitteln, Sie hätten alles unter Kontrolle und würden anscheinend ganz besondere Sorgfalt walten lassen – wo Sie doch so großen Wert darauf legen, alles *genau so* anzuordnen.

Legen Sie sich einen Staubwedel zu

Der gute alte Staubwedel scheint den Ruf zu haben, ein affektierter, kleiner Gegenstand zu sein, nur für solche Leute geeignet, die zu viel Zeit zum Putzen übrig haben und dabei auch noch einen auf originell machen wollen. Tatsächlich ist es aber so, dass hochwertige Staubwedel ganz hervorragende Arbeit leisten, wenn es darum geht, Staub einzusammeln – und das auch an nur schwer erreichbaren Stellen –, ohne dass einen diese Arbeit großartig ermüden würde. Es ist so einfach, durch seine Wohnung zu gehen und alles innerhalb weniger Minuten zum Strahlen und Glänzen zu bringen. Für mich sind Staubwedel noch immer so etwas wie das ursprüngliche Nonplusultra des Putzens. Sie erleichtern einem das lästige Putzen ungemein – ja, man kann sogar Spaß dabei haben!

Machen Sie Ihr Bett – immer!

Vermutlich haben Sie das schon mal gehört. Wenn Sie das Kapitel »Diese eine Angewohnheit ist ab sofort ein Muss« (Seite 41) gelesen haben, dann kann ich sogar mit Gewissheit behaupten, dass Ihnen das schon mal untergekommen ist! Durch nichts sieht ein Schlafzimmer ordentlicher aus als durch ein gemachtes Bett, außerdem lässt sich das im Handumdrehen bewerkstelligen. Sollten Sie sich sorgen, jemand könnte auf dem Weg zur Toilette an Ihrem Schlafzimmer vorbeikommen und dabei herausfinden, wie chaotisch Ihr Leben tatsächlich ist, dann wird ein gemachtes Bett die Perspektive des Besuchers in ein ganz anderes Licht rücken. Wenn Sie Ihr Bett hingegen *nicht* machen, dann wird das den Leuten ohne jeden Zweifel den Eindruck vermitteln, dass Sie in Sachen Haushalt ein bisschen nachlässig sind, egal wie makellos der Rest Ihres Zuhauses sein mag. Es ist so verdammt einfach und zahlt sich doppelt und dreifach aus! Also machen Sie einfach Ihr Bett.

Lassen Sie sich auf frischer Tat ertappen

Wenn Sie wirklich ausstrahlen wollen, dass Sie eine »Queen of Clean« oder ein »King of Clean« sind, dann sollten Sie wissen, dass die Leute Sie noch mehr mit dem Begriff Putzteufel assoziieren, wenn sie Sie auch tatsächlich beim Putzen erleben. Ich rede nicht davon, dass Sie auf allen vieren durch die Gegend robben und die Fugen mit einer Zahnbürste schrubben sollen, denn das wäre dann wohl doch ziemlich peinlich. Aber scheuen Sie sich nicht, einen Lappen in die Hand zu nehmen und hier und da etwas abzuwischen, wie Sie das normalerweise tun würden, oder ein Zimmer beim Eintreten rasch noch etwas aufzuräumen. Vielleicht wirkt das im ersten Moment leicht berechnend, aber wenn Sie wirklich die Message vermitteln wollen, dass Ihnen in Sachen Haushalt keiner etwas vormachen kann, dann besteht das Highlight bei Ihrer ganzen Plackerei darin, sich beim Putzen auf frischer Tat ertappen zu lassen.

Bringen Sie
Ihr Zuhause
zum Strahlen

Schon mit ein klein wenig Glanz können Sie Ihr Zuhause so aussehen lassen, als wäre es auf Hochglanz poliert worden. Nachfolgend ein paar Kniffe, wie Sie Glasflächen, Spiegel und glänzende Dinge **in Nullkommanichts so richtig zum Strahlen bringen.**

Spiegel

Anscheinend suchen wir alle beständig nach dem perfekten Gerät oder Putzmittel, das unsere Spiegel streifenfrei und blitzblank erstrahlen lässt, aber das existiert tatsächlich gar nicht. In meinen Augen müssen Sie auf eine Kombination zurückgreifen, um Ihre Spiegel am besten zu reinigen. Als Erstes sprühen Sie den Spiegel mit Reinigungsmittel ein. Ich gebe dafür am liebsten etwas Spiritus auf ein paar übereinandergestapelte Kaffeefilter. Der Spiritus sorgt perfekt und streifenfrei für Reinheit und verflüchtigt sich gleich danach, und die Kaffeefilter saugen alle Schmutzpartikel und Schlieren auf, ohne dabei Flusen zu hinterlassen. Für den finalen Glanz greife ich in einem zweiten Schritt immer noch zu einem Mikrofasertuch, mit dem ich alles zum Glänzen bringe. Das funktioniert immer.

Fenster im Innenbereich

Stauben Sie als Erstes die Fenstersimse ab und saugen Sie die Fugen aus. Als Nächstes tauchen Sie einen Lappen in warmes Seifenwasser und waschen das gesamte Fenster ab, auch die Kunststoff- oder Holzverkleidung, sowie natürlich die Scheibe. Zum Schluss polieren Sie alles so, wie Sie es bei den Spiegeln gemacht haben – mit Spiritus, Kaffeefiltern und einem Mikrofasertuch.

Silber

Bringen Sie Ihr Silber zum Strahlen, indem Sie es alle paar Monate polieren, damit es nicht anläuft. Die einfachste Methode besteht darin, eine Vielzahl an Silbergegenständen auf einmal zu polieren. Legen Sie das Spülbecken oder eine große Schüssel mit Alufolie aus, die glänzende Seite nach oben, geben Sie dann alle Silbergegenstände hinein und bestäuben Sie alles mit einer Tasse Natron (200 g). Füllen Sie das Spülbecken oder die Schüssel im Anschluss daran mit sehr heißem Wasser auf und lassen Sie es einwirken, bis das Wasser abgekühlt ist. Danach können Sie alles herausnehmen und restliche Schlieren mit einem weichen, trockenen Lappen abreiben.

Kupfer

Für stark angelaufenes Kupfer stellen Sie eine Paste aus Zitronensaft und Natron her und reinigen das Kupfer anschließend mit einem weichen Tuch. Für kleine Ausbesserungen zwischendurch können Sie Möbelpolitur auf Wachsbasis verwenden, das funktioniert auch.

Elektronische Geräte

Wenn wir uns beim Abstauben auf unsere Dekogegenstände konzentrieren, dann vergessen wir darüber manchmal ganz, dass elektronische Geräte ebenfalls Staub anziehen und schnell voller Fingerabdrücke sein können, wodurch sich unser Zuhause unsauber anfühlt, ohne dass es uns so richtig auffallen würde. Sehen Sie zu, dass Sie Ihre elektronischen Geräte strahlend sauber halten, indem Sie sie regelmäßig mit einem guten Staubwedel von allen Seiten abstauben und Bildschirme oder feste Plastikteile falls nötig mit einem einfachen Glasreiniger abwischen. Bei Bereichen mit Knöpfen oder solchen, die schwer zugänglich sind, leistet ein in Spiritus getauchtes Wattestäbchen hervorragende Arbeit.

Dekorative Glas- oder Töpferwaren

Je weniger Sie Schalen und Vasen aus Glas oder Ton anfassen, umso besser sehen sie meist aus, weil sich so weniger Schlieren und Fingerabdrücke darauf festsetzen. Für gewöhnlich reicht es völlig, sie regelmäßig mit dem Staubwedel abzustauben. Hin und wieder sollten Sie sie intensiv reinigen, dazu empfehle ich einen feuchten Lappen oder etwas Glasreiniger. Und am besten tragen Sie dabei billige, dünne Baumwollhandschuhe. So hinterlassen Sie keine neuen Fingerabdrücke und polieren Ihre Gegenstände dabei gleich noch.

Holzmöbel

Holzmöbel sollten regelmäßig mit einer Politur behandelt werden, damit sie strahlend und schön bleiben, lange halten und Sie sich an ihnen erfreuen können. Egal, ob Sie dafür eine Politur im Laden kaufen oder selbst eine herstellen, denken Sie daran, dass Sie bereits mit wenig sehr viel bewirken können, und benutzen Sie immer einen weichen Lappen, damit Sie Ihre Möbel nicht zerkratzen. Sie können Ihre eigene Möbelpolitur herstellen, indem Sie eine halbe Tasse Olivenöl (120 ml) mit einer viertel Tasse Zitronensaft (60 ml) mischen. Bewahren Sie diese bis zur nächsten Anwendung im Kühlschrank auf.

Granitoberflächen

Was die tägliche Pflege Ihrer Arbeitsflächen aus Granit (oder granitartigen Strukturen) betrifft, wischen Sie sie einfach mit warmem Seifenwasser ab, gefolgt von Spiritus, um sie zu desinfizieren und so richtig zum Strahlen zu bringen. Reinigen Sie Granitflächen niemals mit Zitronensaft oder Essig, da die in diesen Produkten enthaltene Säure den wunderbar glänzenden Stein angreift.

Marmor

Marmor hat Ähnlichkeiten mit Granit, ist aber sehr viel weicher und anfälliger für Flecken. Genau wie bei Granitstein dürfen Sie auch hier niemals säurehaltige Reinigungsmittel verwenden, da sie unverzüglich zu bleibenden Verätzungen führen (genau wie säurehaltige Nahrungsmittel, die auf die Oberfläche tropfen). Verwenden Sie stattdessen nur ganz normales Seifenwasser, das reicht völlig aus. Sollten sich irgendwelche Flecken in Ihrem Marmor festgesetzt haben, dann können Sie diese mit einer Paste aus Natron, Spülmittel und etwas Wasser wieder entfernen. Tragen Sie die Paste direkt auf den Fleck auf, bedecken Sie ihn mit Klarsichtfolie, damit er feucht bleibt, und lassen Sie das Ganze etwa einen Tag lang einwirken, damit der Fleck herausgelöst wird.

Keramikfliesen

Wenn Ihre Fliesen etwas verschleiert und stumpf aussehen, dann bekommen Sie sie mit einer milden Säure, wie zum Beispiel Zitronensaft gemischt mit Wasser, am besten sauber. So erstrahlen sie dann wieder in ihrem früheren Glanz. Damit Ihre Putzaktion ein voller Erfolg wird, ist es ganz entscheidend, dass Sie auch die Fugen reinigen. Bei fleckigen Fugen funktioniert eine Paste aus Natron und Wasser hervorragend, und bei ganz hartnäckigen Flecken lassen Sie die Paste einfach über Nacht einwirken.

Chrom

Chrom können Sie mit einem einfachen Mikrofasertuch und etwas Wasser wieder wunderbar zum Strahlen bringen. Sollte sich auf dem Chrom jedoch etwas Rost gebildet haben, dann wählen Sie Cola als Putzmittel. Gießen Sie etwas Cola auf einen weichen Lappen und einen großzügigen Schuss über den Rost. Als Nächstes nehmen Sie etwas Alufolie, knüllen diese zusammen und rubbeln den Rost damit weg. Die Alufolie schabt den Rost ganz einfach ab, hinterlässt dabei aber keine Kratzer im Chrom.

Gebürstetes Metall

Bei gebürsteten Metallflächen eignet sich eine Lösung aus Essig und Wasser als Reinigungsmittel. Polieren Sie sie anschließend mit einer Möbelpolitur auf Wachsbasis, dann wird es einfacher, sie täglich sauber zu halten.

Patinierte Bronze und andere dunkle Metalle

Dunkle Metalle sorgen für beeindruckende Akzente in jedem Raum, allerdings sind sie auch dafür bekannt, dass Staub und Fingerabdrücke besonders gut auf ihnen zu sehen sind. Ich verleihe meinen dunklen Metallflächen gerne eine satte dunkle Farbe mit Möbelpolitur, wann immer ich dazu Zeit habe. Dient das Metall allerdings als Kontrast zu einem Lampenschirm oder Ähnlichem, dann ist es keine gute Idee, ein Reinigungsmittel zu verwenden, das auf Öl- oder Wachsbasis hergestellt wurde. In diesem Fall greifen Sie am besten zu gewöhnlichem Glasreiniger. Und obwohl ich bei Glas sehr gerne Spiritus verwende, vermeide ich ihn nach Möglichkeit bei dunklen Metallflächen, da diese bisweilen lackiert sind und der Alkohol die Farbe abwischen könnte.

Rostfreier Stahl

Rostfreier Stahl ist ein sehr beliebtes Metall, und man trifft ihn heutzutage in sehr vielen Haushalten an. Es gibt viele großartige Reinigungsmittel, die auf Oberflächen aus rostfreiem Stahl angewendet werden können, also finden Sie heraus, welches Sie bevorzugen. Für gewöhnlich lässt sich auf rostfreiem Stahl alles anwenden, was Sie ansonsten hernehmen, um etwas zum Strahlen zu bringen. Experimentieren Sie einfach ein bisschen herum, bis Sie das Passende gefunden haben, denn die verschiedenen rostfreien Stahlprodukte verfügen über sehr viele Abstufungen in Glanz und Körnung. Ein paar, die wunderbar funktionieren, sind gewöhnlicher Glasreiniger, Möbelpolitur, Wasser und ein Mikrofasertuch oder auch Babyöl.

Plastik, Acryl und Kunstharz

Plastik ist billig, einfach in der Pflege und sieht genauso hübsch aus wie seine schwereren, teureren Pendants. Zum größten Teil können Sie diese Gegenstände so reinigen, als wären sie aus Glas oder Ton – achten Sie einfach nur darauf, sie nicht zu zerkratzen, denn dann verlieren sie ganz schnell ihren Glanz und sehen nicht mehr attraktiv aus.

Geheime Putzhilfen – *Hilfsmittel*, die Sie bereits bei sich zu Hause haben

Das stimmt! Sie haben Ihre kleinen geheimen Putzgerätschaften schon die ganze Zeit direkt vor der Nase gehabt. Und nein, ganz bestimmt haben Ihnen keine Außerirdischen nachts einen Besuch abgestattet und einen 7000er-Putzomat aus der Zukunft vorbeigebracht, dennoch verfügen Sie über ein paar sehr leistungsfähige Geräte, die nur darauf warten, zum Einsatz zu kommen, und zwar in Form von schnellen, praktischen Geschirrspülern und Waschmaschinen. Hier ein paar geschickte Anwendungstipps,

an die Sie bislang bestimmt
noch nicht gedacht haben.

Cleveres Putzen
mit dem Geschirrspüler

Ihr Geschirrspüler kann sehr viel mehr als nur Ihr Geschirr spülen. Gehen Sie nachfolgende Liste durch, um herauszufinden, was Sie für den Anfang alles in Ihrem Geschirrspüler waschen können. Und ich könnte wetten, dass Ihnen noch mehr spülmaschinengeeignete Gegenstände in Ihrem Haushalt einfallen, wenn Sie sich dort einmal umsehen.

Gegenstände, die Sie im Geschirrspüler sauber bekommen

- Staubsaugerzubehör (Düsen, Bürsten)

- Türgriffe

- Kindersicherungen für Steckdosen

- Fliegengitter

- Ventilatorabdeckungen

- Kleine Mülleimer

- Kühlschrankboxen und -regale

- Glasteile von Lampen

- Plastikkämme und Haarbürsten

- Seifenschalen, Zahnbürstenhalter und andere Badezimmeraccessoires

- Plastikspielzeug

- Putzgerätschaften und Bürsten

- Haarspangen

- Wasch- oder Spülbeckenstöpsel

- Gartenwerkzeug

- Plastikpflanzen und -blumen

- Schreibtischutensilien

- Stifthalter und Ablagefächer

- Schubladenknöpfe und Türgriffe von Schränken

Ein hilfreicher Leitfaden

Sollten Sie einen Gegenstand aus der Liste noch nie zuvor in der Spülmaschine gewaschen haben, dann stellen Sie die Temperatur auf die niedrigste Stufe und legen Sie den Gegenstand in den oberen Korb, falls er dort hineinpasst. Stellen Sie Ihr normales Geschirr nicht mit in die Spülmaschine. Schalten Sie Ihren gesunden Menschenverstand beim Putzen bitte nicht aus!

Benutzen Sie diese Ladung ungewohnter Gegenstände als Vorwand, um gleich auch noch Ihre regelmäßige Geschirrspülerreinigung durchzuführen, wie ich es in dem Kapitel »Die sauberste Küche in der ganzen Nachbarschaft« (Seite 51) beschreibe. Lassen Sie den Reinigungszyklus direkt nach Ihren ungewöhnlichen Gegenständen laufen. So haben Sie einen sauberen, frischen Geschirrspüler für Ihre nächste Ladung Geschirr und einen Geschirrspüler, der noch lange Zeit problemlos funktionieren wird, ganz egal, was Sie darin spülen.

Stellen Sie kleinere Gegenstände in das Besteckfach oder den Besteckkorb, oder geben Sie diese in einem Netz in den oberen Korb.

Ein paar Gegenstände bekommen Sie vermutlich mit einer Tasse Essig (240 ml), die Sie im oberen Korb abstellen, besser sauber als mit gewöhnlichen Tabs für die Geschirrspülmaschine.

Cleveres Waschen mit der Waschmaschine

Waschmaschine und Trockner gehören zu den Geräten, die hin und wieder recht aufwendig gereinigt werden müssen, aber manchmal sind sie genau das, was Sie brauchen. Nachfolgend finden Sie eine Liste mit Sachen, die schneller und einfacher sauber werden, wenn Sie sie einfach in die Waschmaschine stopfen.

 Gegenstände, die Sie in der Waschmaschine sauber bekommen

- Plüschtiere
- Kissen
- Sofakissenbezüge
- Schuhe und Slipper
- Legosteine (in einem Netz)
- Teppiche
- Vorhänge
- Rucksäcke und Picknicktaschen

- Überzüge von Kinderstühlen und Autositzen

- Duschvorhänge

- Fußmatten vom Auto

- Yogamatten

- Stuhlkissen

Leitfaden zum Verinnerlichen

Da die Waschmaschine Ihre Sachen hin- und herwirbelt, kann dies im Vergleich zur Spülmaschine als zusätzlicher Reinigungsschritt angesehen werden.

Stellen Sie die Maschine auf Kaltwasser, wenn Sie etwas Ungewöhnliches zum ersten Mal in Ihrer Maschine waschen und Ihnen der gesunde Menschenverstand dazu rät. Kaltes Wasser ist mit einer sanfteren Waschprozedur gleichzusetzen und wird weniger Schaden anrichten.

Schuhe oder ähnliche Gegenstände werden weniger stark hin- und hergeworfen, wenn Sie sie in einen alten Kissenbezug geben und diesen locker verknoten.

Seien Sie vorsichtig, wenn Sie ungewöhnliche Gegenstände zu Ihrer normalen Wäsche geben. Überprüfen Sie Ihre Liste mit »cleveren Waschmaschinengegenständen« auf Haken, Reißverschlüsse und andere Dinge, die eventuell die Stoffe Ihrer normalen Wäsche aufreiben oder Fäden ziehen könnten.

Der (manchmal gar nicht so) *wunderbare* Außenbereich

Wenn es um Sauberkeit und Ordnung geht, dann kann der Bereich um unser Haus nicht immer mit den Räumlichkeiten in unserem Zuhause mithalten. Draußen stellen sich uns sehr viele und ganz unterschiedliche Herausforderungen, mal abgesehen vom normalen Dreck und Staub, den wir nach innen tragen. Wenn Sie Ihren Außenbereich also ebenso gemütlich und lebenswert gestalten wollen wie den Innenbereich, dann sind ein paar gute Tricks der perfekte Trumpf im Ärmel. Hier kommen auch schon ein paar der besten, damit

Sie Ihre Arbeiten draußen schnell und effizient erledigen können.

Fensterputzen im Außenbereich

Stets eine saubere und blitzblanke Außenseite bei Ihren Fenstern zu haben, kann ziemlich anstrengend sein, insbesondere, wenn sich Ihr Zuhause in einem so staubigen Land mit lauter Ungeziefer wie unserem befindet. Nehmen Sie zuerst einen alten Besen, um den Schmutz und die Spinnennetze an Ihren Fenstern wegzufegen. Als Nächstes spritzen Sie die Fenster mit dem Gartenschlauch oder dem Hochdruckreiniger ab. Mischen Sie ein Reinigungsmittel aus knapp vier Litern Wasser, einem Esslöffel Spülmittel (15 ml) und einem Esslöffel Klarspüler (15 ml), und verwenden Sie eine Bürste mit langem Stiel. Spülen Sie das Putzmittel sofort mit dem Gartenschlauch ab und ziehen Sie Ihr Fenster mit einem Abzieher ab, damit kein Wasser darauf stehen bleibt. Reiben Sie den Abstreifer nach jedem Wischvorgang an einem trockenen Lappen ab. Sollten Sie feststellen, dass sich durch vorherige Reinigungsversuche mit hartem Wasser weiße Ablagerungen von Wassertropfen auf dem Fenster festgesetzt haben, dann können Sie diese ganz einfach mit einer Essig-Wasser-Mischung (jeweils halb-halb) entfernen, bevor Sie damit anfangen, Ihre Fenster so zu putzen, wie ich es gerade beschrieben habe. Bemühen Sie sich in Zukunft darum, dass sich so wenig Dreck wie nur möglich auf den Fenstern festsetzt. Ich sprühe meine Fenster außen etwa einmal pro Monat mit einem Anti-Spinnenspray ein, und das hilft schon sehr dabei, eine klare Sicht zu bewahren. Manche schwören auch darauf, ein wasserabweisendes Spray auf den Scheiben zu verwenden, damit das Regenwasser automatisch abperlt.

Reinigen von Kunststoffverkleidungen

Kunststoffverkleidungen im Außenbereich sind Wettereinflüssen gegenüber unglaublich widerstandsfähig, außerdem verleihen sie Ihrem Zuhause jahrein, jahraus einen frischen, sauberen Look, und dafür müssen Sie relativ wenig tun. Ein Schwachpunkt ist jedoch, dass sie in Bereichen mit wenig Sonne schnell von Moos und Schimmel befallen werden. Und da Ihr restliches Haus sauber und ordentlich wirkt, fallen diese Stellen umso mehr auf. Sollte Ihnen das bekannt vorkommen, dann rate ich Ihnen, sich einen guten Hochdruckreiniger mit einem langen Kabel zuzulegen. Tatsächlich hilft auch schon ein kleinerer Hochdruckreiniger entscheidend dabei, Ihr Haus ohne starke, chemische Putzmittel sauber zu bekommen. Schnappen Sie sich Ihren Hochdruckreiniger, wählen Sie die Düse, mit der Sie den größtmöglichen Druck erreichen, und legen Sie los. Sorgen Sie dafür, dass Sie für richtig hartnäckige Stellen eine langstielige Bürste griffbereit haben. Der Schlüssel, um diese Aufgabe zufriedenstellend zu erledigen, liegt nicht so sehr darin, *wie* Sie es anstellen, sondern *wie oft* Sie es durchführen. Wenn Sie jeden Frühling und jeden Herbst ein paar Stunden an den dreckigsten Stellen Ihrer Fassade zubringen, dann gehört die eklig grüne Verkleidung für Sie der Vergangenheit an.

Terrasse und Veranda instand halten

Ob Sie nun eine nigelnagelneue Traumterrasse zum geselligen Zusammensein haben oder eine in die Jahre gekommene recht einfache — mit ein bisschen Liebe und Pflege können Sie viel dazu beitragen, wie es dort aussieht und wie gerne Sie sich dort aufhalten. Eine Holzterrasse (ebenso wie eine Veranda aus Zement, Ziegel oder Beton) muss sauber gehalten und so gut es geht vor Wettereinflüssen geschützt werden. Reinigen Sie Ihre Terrasse oder Veranda ebenso oft, wie Sie Ihre Fassade reinigen, und erneuern Sie etwa alle zwei Jahre den Fugenkitt, je nach Material. Vermeiden Sie scharfe chemische Reinigungsmittel bei der Terrasse. Die meisten dieser Mittel enthalten ohnehin nichts anderes als Bleichmittel und sind von daher völlig überflüssig. Wenn Sie etwas Stärkeres benötigen, um Ihre Terrasse blitzblank zu bekommen, dann greifen Sie einfach zu warmem Wasser, etwas Spülmittel und einem harten Schrubber mit langem Stiel, dann können Sie loslegen!

Gartenmöbel waschen

Ablagerungen von Staub, Dreck und sonstigen Verunreinigungen können den Lack Ihrer Gartenmöbel sehr schnell angreifen. Dazu kommt auch noch die ständige Einwirkung von Sonne, Regen und Wind, sowie wechselnde Temperaturen, also ist es doch sehr überraschend, dass unsere Gartenmöbel überhaupt länger als nur eine Saison halten. Sollten Sie Ihre Gartenmöbel das ganze Jahr über draußen stehen haben und sie danach mit dem Zustand vergleichen, in dem Sie sie gekauft haben, dann wird Ihnen schnell klar, wie rapide es mit ihnen bergab geht. Die gute Nachricht ist jedoch, dass Sie dem schon mit ein bisschen Einsatz ganz gut entgegenwirken können. Gartenmöbel sollten während der warmen Sommermonate mindestens einmal pro Woche abgespritzt und mit einem weichen Lappen sorgfältig trocken gerieben werden. Und wenn Sie irgendwo wohnen, wo die Wintermonate kalt sind, dann sollten Sie sie während dieser Zeit einlagern. Überprüfen Sie mindestens einmal pro Saison den Anstrich, und falls nötig, streichen, beizen oder lackieren Sie die Möbel. Selbst Gartenmöbel aus Metall freuen sich hin und wieder über einen schützenden Lack, damit erst gar kein Rost entstehen kann. Sonnenschirme aus Stoff, Kissen oder Sitzpolster müssen im Inneren aufbewahrt werden, wenn sie nicht benutzt werden – obwohl sie extra für den Außenbereich hergestellt wurden –, ansonsten bleichen sie sehr schnell aus. Gartenmöbel können viel Platz beanspruchen, daher ist es empfehlenswert, ihnen schon vor der Saison einen eigenen Platz im Inneren zuzuweisen, da Sie ansonsten vermutlich kläglich scheitern werden, genügend Disziplin an den Tag zu legen, sie jedes Mal nach innen zu verfrachten. Nehmen Sie sich jede Woche ein paar Minuten für Ihre Gartenmöbel, dann werden sie viele Sommer mit Cocktailabenden auf der Terrasse überstehen und Ihnen dabei helfen, das Beste aus Ihrem Außenbereich herauszuholen.

Unkraut

Unkraut lässt unseren Außenbereich schnell heruntergekommen und vernachlässigt aussehen, insbesondere während der wärmeren Monate. Vorbeugen lautet hier das Zauberwort, wenn Sie diese Schlacht gewinnen wollen (insbesondere wenn Sie jemand sind, der nicht jeden Tag mehrere Stunden zur Verfügung hat, um Unkraut zu jäten).

Sorgen Sie dafür, dass die Stellen in Ihrem Garten, wo die Erde umgegraben ist, von einer dicken Schicht Mulch bedeckt sind, und ergänzen Sie diese Schicht jede Woche, damit alles frisch und gepflegt aussieht und sich erst gar kein Unkraut bilden kann. Sollte sich das nach einem teuren Unterfangen anhören, dann sehen Sie sich doch mal bei Ihrem Recyclinghof vor Ort um. Vielleicht gibt es dort Mulch, den Sie umsonst abholen können. Für mich ist dieses Vorgehen ein regelrechter Lebensretter. Oder besser gesagt, ein Gartenretter. Prüfen Sie auch Ihre Auffahrt und die Veranda nach Rissen, in denen Unkraut wachsen könnte, und füllen Sie diverse Risse mit Mörtel oder mit polymerischem Sand aus, der eine Art »Mörtel« zwischen den Pflastersteinen bildet, sobald er mit Wasser in

Berührung kommt. Natürlich wird das Unkraut hier und da auf Ihrem Grundstück immer noch einen Weg finden, um irgendwie zu wachsen, aber meistens sieht Ihr Anwesen deswegen nicht gleich völlig vernachlässigt aus. Wenn Sie Ihre Wege, Terrasse und Veranda unkrautfrei halten, Ihr Garten immer frisch gemulcht und der Rasen gemäht ist, dann werden Sie als ziemlich geschickter Gärtner dastehen. Bei dem bisschen Unkraut, das hier und da doch noch aufploppt, einfach ein wenig Essig an einem heißen Tag darauf gießen oder auch etwas Speisesalz darüberstreuen (nur an Ecken, an denen keine anderen Pflanzen wachsen sollen), dann ist das Problem innerhalb weniger Stunden gelöst. Und vergessen Sie nicht: Auch wenn Unkraut eigentlich als Plage angesehen wird, so handelt es sich dabei doch um nichts anderes als um getarnte Wildblumen, die noch dazu sehr hübsch aussehen können.

Plagen

Wir alle genießen es, dass wir der Natur in unserem Garten ein bisschen näher sind, dass wir etwas von der Tierwelt mitbekommen, diese Wunderwelt der Käfer und Vögel, die da draußen kreucht und fleucht. Doch selbst für den unerschütterlichsten Naturliebhaber gibt es eine Grenze, die manchmal überschritten wird. Ameisen im Sandkasten Ihrer Kinder? Nein danke! Spinnweben an Ihrem Lieblingsliegestuhl? Igitt! Wenn Sie diesen kleinen Viechern begreiflich machen können, wo sie willkommen sind und wo nicht, noch bevor sie sich dort ausgebreitet haben, dann wird Ihre Beziehung zu dem Leben und Gewusel da draußen in Ihrem Garten sehr viel harmonischer verlaufen, und vielleicht werden Sie die kleinen Tierchen sogar hier und da als willkommene Besucher erachten. Nachfolgend ein paar Tipps, um die gewöhnlichen Plagen im Garten loszuwerden:

Ameisen

Viele intensiv duftende Kräuter und Gewürze riechen für uns ganz wunderbar, sind aber absolut abschreckend für Ameisen. Mischen Sie Zimt oder Nelken in Ihren Sandkasten, oder streuen Sie die Mischung um ein Blumenbeet oder entlang von Pfaden, von denen sich diese fernhalten sollen. Salbei oder Lorbeerblätter sind dabei ebenfalls nützlich.

Spinnen

Zu viele Spinnen am falschen Platz können alles Mögliche sein, von leicht ekelhaft bis hin zu absolut gefährlich. Eine einfache Sache, die Sie machen können, ist abends weniger Außenbeleuchtung zu verwenden. Licht zieht Insekten an, von denen Spinnen sich ernähren. Wenn Sie also das Verandalicht eingeschaltet haben, dann werden die Spinnen ihre Netze genau dort platzieren. Achten Sie darüber hinaus darauf, dass Sie Ecken, an denen Spinnen sich gern ausbreiten, nur minimal dekorieren und möblieren, und lassen Sie große Abstände zwischen den Blumentöpfen und den umgebenden Wänden, da die kleinen Spalten und Nischen, die durch den ganzen Krempel entstehen, ganz gemütliche Rückzugsorte für Spinnen darstellen. Am effektivsten ist vermutlich ein einfaches Anti-Spinnenspray, das im Innen- und Außenbereich eingesetzt werden kann. Für gewöhnlich reicht es, wenn Sie das Spray einmal pro Monat in diesen Bereichen anwenden, um die meisten Spinnen davon abzuhalten, es sich dort gemütlich zu machen.

 Schnecken

Schnecken lieben ein feuchtes, kühles Klima. Wenn Sie also ein Problem mit Schnecken haben, dann leben Sie vermutlich an einem Ort, an dem es häufig regnet, oder aber Sie haben einen sehr schattigen, feuchten Garten. Hier kann es schon hilfreich sein, wenn Sie dafür sorgen, dass Ihr Garten etwas trockener ist. Achten Sie auf größere Abstände zwischen den Pflanzen, sodass das Sonnenlicht bis auf den Boden vordringen kann, und gießen Sie Ihre Pflanzen morgens, dann kann Ihr Garten tagsüber abtrocknen. Versuchen Sie zudem eine unterirdische Bewässerung zu installieren, so benötigen Sie insgesamt weniger Wasser, und es gelangt direkt zu den Wurzeln, ohne erst eine feuchte Umgebung an der Oberfläche entstehen zu lassen. Manche Leute schwören darauf, einen Kreis aus gemahlenem Kaffee oder grobkörnigem Sand um den Fuß von Pflanzen zu ziehen, was es für die Schnecken sehr unangenehm macht, zur Pflanze zu gelangen.

Stechmücken

Genau wie Schnecken lieben Stechmücken feuchte, schattige Gegenden. Außerdem pflanzen sie sich in stehendem Gewässer fort. Der alte Trick, das Wasser in Ihrem Vogelnapf immer auszutauschen, reicht hier nicht aus. Wenn Sie Untersetzer unter Ihren Topfpflanzen haben, Kinderspielzeug oder auch nur eine Mulde in der Abdeckung Ihres Grills, wo sich Wasser ansammeln kann, sobald es regnet, dann haben Sie damit ganz wunderbare Brutstätten für Stechmücken. Larven von Stechmücken schlüpfen nach etwa acht Tagen, also schütten Sie alles stehende Wasser einmal pro Woche aus, damit sorgen Sie schon für einen riesigen Unterschied. Sollten Ihre Pflanzen frisches Wasser benötigen, können Sie sie gleich danach wieder gießen. Achten Sie auch darauf, dass Ihr Garten sonnig und trocken bleibt, das ist in jedem Fall hilfreich, und damit verringert sich noch dazu die Zahl der Stechmücken, die nach Sonnenuntergang auftauchen und nerven.

 Kaninchen und andere Pflanzenfresser

Die meisten dieser raffinierten – zugegebenermaßen aber sehr süßen – kleinen Kreaturen sind recht schüchtern und halten sich ganz gern an Orten auf, an denen ein Versteck in der Nähe ist, für den Fall, dass sie entdeckt werden. Achten Sie also darauf, nicht zu viele Sträucher, Stein- oder Holzhaufen in der Nähe Ihres Gartens zu haben, dann haben Sie die Schlacht bereits halb gewonnen. Die meisten kleinen Nager ziehen jüngere Pflanzentriebe vor, wenn solche in Reichweite sind, also müssen Sie Ihre Anstrengungen vor allem zu Beginn der Saison verdoppeln, damit Sie die kleinen Nager fernhalten, dann sieht es ganz gut für Sie aus, wenn Ihre Pflanzen etwas größer und kräftiger geworden sind. Die Devise lautet also: Schützen Sie Ihre Frühlingspflanzen. Es kann durchaus notwendig sein, dass Sie dafür die Pflanzen, die am liebsten angeknabbert werden, vorübergehend einzäunen oder mit Gartenfolie abdecken. Zum Glück gibt es ständig neue, unterschiedliche Möglichkeiten, wie Sie dieses verbreitete Problem in den Griff bekommen können. Besorgen Sie sich Pflanzenzelte, einfach anwendbare Pflanztunnel oder den guten alten Drahtzaun, damit Ihr Garten vor den Nagern in Sicherheit ist.

Für den letzten Schliff

Genau wie Sie in Ihrem Haus dafür sorgen, dass es dort frisch und einladend aussieht, können ein paar Handgriffe für den letzten Schliff auch draußen einen großen Unterschied machen. Sobald Sie sich einmal um so elementare Dinge wie einen Sitzplatz und eine Möglichkeit, Getränke abzustellen, gekümmert haben, kommt die nicht ganz einfache Frage auf, was man sonst noch aufstellen soll, das sowohl praktisch für den Außenbereich, als auch die Saison über leicht sauber zu halten ist. Zum Glück muss man nur sehr wenig wissen und braucht auch nicht viel Erfahrung, um hier für etwas mehr Glanz zu sorgen. Sich um wenige, größere Pflanzen zu kümmern, ist viel einfacher, als viele kleine zu pflegen, außerdem heimsen Sie zusätzliche Pluspunkte ein, wenn Sie zwei gleiche Pflanzen links und rechts neben einer Tür oder einem Weg platzieren. Halten Sie sich im Außenbereich mit Deko zurück und wenden Sie auch hier die Regel »Lieber weniger, dafür größere Gegenstände« an. Wenn Sie überall viel kleinen Nippes herumstehen haben, dann sieht Ihre Terrasse schnell angestaubt und vernachlässigt aus – ganz so, als hätten Sie keine Zeit gehabt, die letzten Jahre etwas auszuräumen und immer nur neue Sachen dazugestellt. Außenbereiche sind dann am gemütlichsten, wenn der Fokus auf Pflanzen und Grünzeug liegt, also besorgen Sie sich für die Sitzgelegenheiten im Außenbereich einfach ein paar Kissen, die Ihnen gefallen, und natürlich den ein oder anderen glänzenden Gegenstand als Eyecatcher, und Sie werden begeistert sein, wie frisch und neu sich Ihre Terrasse anfühlt, selbst wenn Sie die ganze Saison über dort nur minimalen Putzaufwand betreiben.

So werden
Sie zum
Superhelden
im Speed-Cleaning

Nein, Sie müssen nicht wie ein Superheld über eine sechs Meter hohe Mauer klettern oder mit einem einzigen Satz über einen Fluss springen, trotzdem werde ich dafür sorgen, dass Sie sich ein bisschen wie ein Superheld fühlen, zumindest was das Putzen bei Ihnen zu Hause betrifft. Sie müssen Ihre Routine nur geringfügig verändern und sich auf die eine oder andere Spielerei beim Putzen einlassen, während Sie auf Ihre Ziele hinarbeiten, dann werden Sie schon bald feststellen, wie energiegeladen und aufmerksam Sie sich an die Arbeit machen. Sie werden begeistert sein, wie viele Dinge Sie in kürzester Zeit von Ihrer Liste streichen können, und wie Sie dabei auch noch Spaß haben werden. Hier kommen ein paar meiner Lieblingsspielereien und Taktiken, bei denen ich den Eindruck habe, als würde ich immer dann über Superkräfte und eine Superpower verfügen,

wenn ich es zu Hause am meisten brauche.

Wenn Ihnen kleine Aufgaben auffallen, bei denen Sie immer sagen: »Darum sollte ich mich wirklich bald kümmern. Aber nicht gleich, das mache ich vielleicht ein bisschen später...«

Das »zehn mal zwei«

Nehmen Sie sich ein Blatt Papier und einen Stift (oder das Notepad auf Ihrem Handy) und gehen Sie durch jedes Zimmer. Halten Sie zehn kleine Aufgaben fest, die Ihnen ins Auge fallen und sich in etwa zwei Minuten erledigen lassen, und notieren Sie sie jeweils als eigenen Punkt. Dazu gehören wahrscheinlich so Dinge wie etwas wegräumen, etwas abwischen und kleinere Ecken aufräumen. Vermutlich wird es Sie überraschen, wenn Sie feststellen, dass Sie zum Schluss ein bisschen kreativ werden müssen, um die zehn Punkte Ihrer Liste zu füllen. Das bedeutet aber, dass Sie nicht nur die Dinge erledigt bekommen, die Sie nerven, sondern noch die eine oder andere Sache darüber hinaus. Sobald Ihre Liste steht, stellen Sie den Timer auf Ihrem Handy oder den Kurzzeitmesser am Ofen auf zwei Minuten ein und erledigen die erste Aufgabe. Vielleicht brauchen Sie dafür ein paar Sekunden mehr, vielleicht auch ein paar weniger, aber das ist in Ordnung. Nach Ablauf der Zeit und sobald die erste Aufgabe erledigt ist, stellen Sie Ihren Timer erneut ein und machen mit dem nächsten Punkt weiter. Sie werden das Gefühl haben, dass Sie rasend schnell vorankommen und so vieles in gerade mal zwanzig Minuten als erledigt abhaken können, dass Sie unter Umständen sogar Lust bekommen könnten, damit weiterzumachen!

Wenn Sie einen langen Urlaub, ein großes Projekt oder wichtiges Ereignis planen, gleichzeitig zu der anfallenden Organisationsarbeit aber auch noch Ihre normale Haushaltsarbeit erledigen müssen ...

Der »Zaubern Sie eine Nummer aus dem Hut«-Trick

Erstellen Sie eine Liste mit fünf verschiedenen Aufgaben, darunter ein paar gewöhnliche Haushaltsarbeiten, die gerade anstehen und an diesem Tag erledigt werden müssen (wie zum Beispiel Wäsche waschen oder die Treppe saugen), zusätzlich zu ein paar anderen Aufgaben, die Sie für Ihr bevorstehendes Ereignis verrichten müssen (wie zum Beispiel Geschenke einpacken oder Überraschungstüten für einen Geburtstag packen), und versehen Sie diese Tätigkeiten mit Nummern von 1 bis 5.

Als Nächstes nehmen Sie sich fünf kleine Zettel, schreiben die Nummern 1 bis 5 darauf und werfen sie in eine Schale. Dann ziehen Sie Ihren ersten Zettel aus der Schale und nehmen sich zehn Minuten für den Job. Reicht das nicht, um fertig zu werden, so haben Sie wenigstens damit angefangen. Sie werden überrascht sein, was Sie in zehn Minuten alles erledigt bekommen, wenn Sie sich auf nur eine Sache konzentrieren. Die Unvorhersehbarkeit beim zufälligen Ziehen Ihrer Nummer hindert Sie zum einen daran, sich bereits vom nächsten anstehenden Job ablenken zu lassen, zum anderen fühlen Sie sich angesichts der Aufgaben, die alle erledigt werden müssen, nicht völlig überfordert – schließlich wissen Sie ja gar nicht, was als Nächstes kommt! Da Sie sich verschiedenen Bereichen Ihrer To-do-Liste zuwenden, haben Sie zudem auch nicht das Gefühl, als würden Sie zu viel Zeit mit dem Planen der Geburtstagsparty vergeuden, statt diese für die tatsächlich notwendigen alltäglichen Aufgaben aufzubringen, die auch erledigt werden müssen, wenn Sie nicht in Arbeit ertrinken wollen.

Wenn Sie das Gefühl haben, von unterschiedlichen Prioritäten in alle möglichen Richtungen gezerrt zu werden ...

Die »ein bisschen hiervon und ein bisschen davon«-Aufteilung

Manchmal meint man, das Allerwichtigste, das sofort erledigt werden müsse, sei sowohl diese eine als *gleichzeitig* auch diese andere Aufgabe. Vielleicht sind es sogar drei Sachen, um die Sie sich *wirklich sofort* kümmern müssen. Die Schwierigkeit, in einer solchen Situation eine – und nur eine – Entscheidung treffen zu müssen, besteht darin, dass wir nach Erledigen eines derart aufwendigen Jobs den Eindruck haben, wir hätten unglaublich hart gearbeitet. Dann meinen wir, uns eine Pause gönnen zu müssen. Wenn wir zum Beispiel vier Wäschekörbe mit Wäsche auf einmal zusammengelegt haben. Im Grunde ist das weiter keine große Sache, dennoch ist es ermüdend. Genehmigen wir uns nach erfolgreichem Beendigen besagter Aufgabe allerdings eine Pause, dann ist das problematisch, da wir den nachfolgenden Stress auf diese Weise nur multiplizieren. Denn schon bald werden Ihnen diese ganzen anderen Dinge einfallen, die schon vor zwei Stunden hätten erledigt werden müssen, und dann fragen Sie sich, wie Sie das jetzt auch noch bewerkstelligen sollen. Wenn Sie also den Eindruck haben, dass Ihr Tag oder Ihr Abend droht, diese Richtung zu nehmen, dann greifen Sie zum Wecker, stellen diesen auf fünf Minuten und wenden sich Ihrer Top-Prioritäten-Aufgabe zu, bevor Sie nach fünf Minuten zur nächsten Aufgabe übergehen. Und nach fünf Minuten weiter zur nächsten, sollten Sie noch eine dritte

Aufgabe dieser Art haben, oder aber Sie kehren wieder zu Ihrer ersten Aufgabe zurück. So machen Sie bei allen ausstehenden Aufgaben gleichmäßige Fortschritte. Und das Tolle daran ist, dass Sie häufig zwei oder drei Aufgaben in der Zeit erledigt bekommen, in der Sie für gewöhnlich eine einzige erledigt haben. Wenn Sie nämlich in kurzen hochkonzentrierten, fünfminütigen Einheiten arbeiten, dann haben Sie erst gar keine Zeit, sich zu langweilen, abgelenkt zu werden (oder zu trödeln!), wie es dann der Fall ist, wenn Sie sich eine geschlagene Stunde lang nur einer einzigen Sache annehmen.

Bei nervigen Aufgaben, die Sie EGAL WANN, NUR NICHT HEUTE erledigen wollen ...

»Mach mal Pause« – die zweiminütige Auszeit

Wenn Sie wirklich am liebsten einfach nur schreien würden: »Ich WILL aber nicht!!!«, dann versuchen Sie lieber mal das hier. Vielleicht ertragen Sie die Vorstellung nicht, eine ganze oder auch nur eine halbe Stunde lang mit diesem einen Job zuzubringen, oder wie lange auch immer Sie denken, dass Sie dafür benötigen werden, aber zwei Minuten? So lange können Sie schon durchhalten, oder? Zwei Minuten lang kann man alles machen. Also stellen Sie Ihren Timer auf zwei Minuten und fangen Sie an. Sobald die Zeit abgelaufen ist, machen Sie kurzzeitig etwas anderes und kommen dann wieder zurück zu Ihrer ungeliebten Aufgabe. Das Ergebnis nach diesen zwei superkurzen Minuten wird Sie motivieren (denn man sieht kleine Fortschritte – immer!), und bestimmt werden Sie auch ziemlich überrascht sein, wie wenige dieser zweiminütigen Sessions letztlich nötig sind, bis Sie den Job nahezu schmerzlos hinter sich gebracht haben. Der kleine Pluspunkt: In den Pausen dazwischen bekommen Sie einen ganzen Haufen anderer Aufgaben erledigt und Sie bleiben in Bewegung, statt in einer faulen Verschieberitis stecken zu bleiben.

Wenn Sie mal so richtig müde sind ...

Die »mach mal halblang«-Strategie

Und wie ist es, wenn ausnahmsweise alles zu viel zu sein scheint? Wenn Sie genau wissen, dass Sie aktiv werden müssten, aber auf nichts anderes Lust haben als darauf, ins Bett zu gehen? Oder wenn Sie am liebsten einfach 17 Stunden lang nonstop fernsehen würden? Tja, dann ist das einer der Momente, in denen ich Ihnen rate, keine Liste anzulegen. Oder zumindest nicht gleich. Es gibt Momente, da müssen Sie sich selbst gegenüber nachsichtig sein, und das ist ein solcher Moment. Stehen Sie stattdessen auf, gehen Sie durch Ihre Räume und finden Sie ein paar supereinfache Dinge, die sich nebenbei erledigen lassen, und erledigen Sie sie. Dinge, bei denen Sie der Meinung sind, Sie würden Ihnen auch im Schlaf von der

Hand gehen. Und dann raffen Sie sich dazu auf, noch dieses kleine bisschen mehr zu machen. Schon bald werden Sie sich besser und energiegeladener fühlen, und vielleicht genießen Sie dieses entspannte Aufräumen sogar. *Dann* können Sie sich hinsetzen, eine Liste erstellen und diese abarbeiten. Wenn Sie gerade in der Stimmung sind. Falls nicht, dann gehen Sie eben noch ein bisschen herum und erledigen noch ein paar einfache Sachen. Was auch immer Sie tun, setzen Sie sich bloß nicht wieder auf das Sofa. Denn so bekommen Sie nicht nur Ihre Energie nicht zurück (auch wenn Sie meinen, das wäre der Fall), Sie müssen sich noch dazu zwangsweise mit Ihrem zunehmenden Schuldgefühl auseinandersetzen, weil Sie nichts auf die Reihe bekommen.

Wenn Sie mal einen ganzen Tag freihaben, um Ihren Kram zu erledigen, und es dann einfach nicht hinbekommen, sich zu konzentrieren...

»Erst die Belohnung«

Vor Ihnen liegt ein ganzer Tag, und Sie haben sich viel vorgenommen! Warum gelingt es Ihnen dann nicht, einfach anzufangen? Manchmal ist es tatsächlich sehr schwer herauszufinden, wo genau man anfangen soll, wenn man so vieles geplant hat und so unglaublich produktiv sein will. Dazu müssen Sie sich selbst motivieren und sich begeistern angesichts all der Möglichkeiten, die sich Ihnen auftun, wenn Sie die Dinge erst einmal erledigt bekommen. Setzen Sie sich mit einer Tasse Tee hin und planen

Sie Ihren Tag, beginnen Sie mit der Aufgabe, bei der die sofortige Belohnung am größten ist. Die eine, bei der Sie sagen werden: »Jippie! Ich bin so froh, dass ich das erledigt habe«, oder »Einfach toll, wie dieses Zimmer jetzt aussieht! Gut, dass ich das angepackt habe!« Dieses Gefühl, etwas geschafft zu haben, kann richtiggehend süchtig machen, und schon bald können Sie sich gar nicht mehr davon abhalten, die ganzen anderen Punkte auf Ihrer Liste abzuhaken. Häufig tendieren wir dazu, die große Belohnung bis zum Schluss aufzuheben, weil wir zuerst den ganzen nervigen Kram erledigen wollen, aber wir brauchen etwas, das uns antreibt. Erledigen Sie also zuerst die Jobs, bei denen Sie sich wie ein Superheld vorkommen, dann geht Ihnen der nervige Kram später am Tag wie von selbst von der Hand.

Für diese Mammutarbeiten, die man immer vor sich herschiebt ...

Das »Elefanten-Prinzip«

»Wie verspeist man einen Elefanten?«

»Man nimmt einen Bissen nach dem anderen!«

Wir alle haben diesen Spruch schon einmal gehört, trotzdem gerät er anscheinend immer wieder in Vergessenheit. Wenn Sie einen richtig großen Brocken vor sich haben, den Sie erledigen müssen oder wollen, wie zum Beispiel einen Rollcontainer mit den Unterlagen der letzten fünfundzwanzig Jahre durchsortieren oder Ihr Gästezimmer ausräumen, das zu einem Sammelplatz für heimatlose Gegenstände geworden ist, dann ist es ziemlich einfach, diese Aufgabe vor sich herzuschieben, bis irgendwann mal »der richtige Zeitpunkt« dafür kommt. Aber der kommt nie. Wer hat schon eine ganze Woche, in der er sich um nichts anderes kümmern kann? Dann würde Ihr restliches Zuhause im Chaos versinken, und damit wäre niemandem gedient. Also tun Sie, was Sie tun müssen: Sie ignorieren diese Baustellen einfach und machen mit Ihrem Leben weiter. Sehen zu, dass Sie sich mit allem anderen über Wasser halten. Wenn Ihnen das bekannt vorkommt (und das tut es vermutlich, schließlich gibt es bei jedem von uns eine solche Ecke), dann habe ich das magische Ticket in die Freiheit für Sie, weg von diesen nervigen Jobs, die wie ein Damoklesschwert über Ihnen schweben. Sie nehmen einfach einen »Bissen« nach dem anderen! Sie müssen entscheiden, was ein Bissen für Sie darstellt, denn Sie sind die Person, die es so lange vor sich hergeschoben hat, dementsprechend wissen nur Sie allein, warum Ihnen so vor diesem Job graust. Ihr »Bissen« könnte sich auf einen gewissen Zeitrahmen beschränken, der sich für Sie noch okay anfühlt und den Sie einfach in Ihrem Tagesablauf unterbekommen — sagen wir mal fünf Minuten. Oder einen örtlichen Rahmen, zum Beispiel nur ein Regalbrett. Oder einen Gegenstand. Was auch immer sich für Sie vernünftig und machbar anfühlt. Es ist ganz egal, woraus Ihr Bissen besteht, Hauptsache, Sie nehmen ihn. Und innerhalb kürzester Zeit wird Ihr Elefant zu einem richtigen Leckerbissen!

Sind Sie bereit, es mit atemberaubender Geschwindigkeit und Flinkheit mit der Welt aufzunehmen — oder zumindest mit den chaotischen Zuständen in Ihrem Zuhause? Diese Frage kann ich für Sie beantworten. Ja! Ja, das sind Sie!

Wenn Sie an Superhelden denken, dann wissen Sie, dass auch kleine, im ersten Moment unspektakuläre Handlungen große Auswirkungen haben können. Und genau so werden Sie zukünftig an Ihre Hausarbeit herangehen, wenn Sie sich auf diese kleinen Herausforderungen einlassen. Sie werden jeden Tag sehr vieles in ganz kurzer Zeit erledigt bekommen – und es wird noch dazu so aussehen, als wäre es ganz einfach!

Sinnvolle
Raumdüfte

Das ist eine Tatsache: Ein Raum, der frisch, sauber und einladend riecht, fühlt sich auch über 93 Prozent frischer, sauberer und einladender an. Bei der großen Anzahl an möglichen Raumdüften für zu Hause ist es allerdings manchmal schwer zu entscheiden, welcher denn nun die richtige Wahl ist. Wie bei so vielen Dingen ist auch hier die einfachste Lösung oft die beste. Hier kommen ein paar Ideen und Tipps, damit es auch

bei Ihnen zu Hause immer angenehm duftet.

Werden Sie die schlechten Gerüche los

Ob der unangenehme Geruch bei Ihnen vom Kochen, von Haustieren oder einfach von abgestandener Luft herrührt – es gibt so das ein oder andere, das Sie tun können, um diese Gerüche loszuwerden, ohne dass Sie deswegen Ihr Haus von oben bis unten durchputzen müssen. Statt die Gerüche einfach mit wohlriechenden zu überdecken, ist es jedoch besser, erst die unangenehmen Gerüche loszuwerden.

Sorgen Sie für Sauberkeit

Ich weiß schon, gerade habe ich Ihnen gesagt, dass Sie Ihr Haus nicht von oben bis unten durchputzen müssen, um unangenehme Gerüche loszuwerden. Aber wir müssen hier ganz realistisch sein – solange alles halbwegs sauber gehalten wird, riecht es natürlich auch überall ein bisschen frischer und sauberer. Achten Sie besonders auf Teppiche, Vorhänge und Polstermöbel, in denen sich unangenehme Gerüche gerne unbemerkt festsetzen.

Sehen Sie zu, dass die Dinge in Bewegung bleiben

Abflüsse und Haushaltsgeräte wie Waschmaschinen, Geschirrspüler oder auch Ofen und Mikrowellen, die lange Zeit nicht benutzt werden, können mit der Zeit äußerst unangenehme Gerüche entwickeln. Benutzen Sie sie möglichst regelmäßig, oder wischen Sie sie zumindest gut aus, wenn Sie wissen, dass Sie diese länger nicht benutzen werden.

Lüften Sie durch

Vielleicht ist das jetzt etwas zu offensichtlich, aber diese schnelle Lösung wird allzu oft vergessen. Lüften Sie alle Räume gut durch. Der Duft von frisch gewaschener Wäsche, den wir alle so mögen, ist nichts anderes als das Fehlen irgendeines Duftes. Unsere Nasen sind so daran gewöhnt, ständig mit irgendwelchen Düften und Gerüchen erfüllt zu sein, dass das Fehlen von Geruch bei frischer Wäsche eine unglaubliche Aromatherapie beziehungsweise eine »Aromafrei«-Therapie für uns darstellt.

Unterschätzen Sie niemals die Kraft von Natron

Man übersieht das gute alte Natron, weil es altmodisch und einfach ist und ihm die schicke Verpackung fehlt, mit der unsere ganzen modernen Putzmittel daherkommen. Dennoch besteht kein Zweifel daran, dass es sich von allen

Mitteln am besten zur Beseitigung von Gerüchen eignet. Also kaufen Sie gleich eine ganze Fuhre davon und setzen Sie es immer und überall ein.

Sorgen Sie mit einem grossartigen Duft für etwas Stimmung

Sobald Sie die unangenehmen Gerüche beseitigt haben, die sich bei Ihnen verstecken, versuchen Sie mit einer der folgenden Methoden einen frischen Duft herbeizuzaubern. Raumdüfte sorgen für eine wunderbare Atmosphäre in Ihrem Zuhause und hellen zudem Ihre Stimmung auf, verbessern Ihren Energiepegel und lassen dabei gleichzeitig Ihr Zuhause auch noch sauberer und frischer wirken.

Duftkerzen

Für mich gibt es nichts Besseres als eine angenehm parfümierte Duftkerze, um quasi im Handumdrehen eine Veränderung in meinem Zuhause herbeizuführen. Selbst wenn ich gerade erst eine kurze Putzsession durchgeführt habe und alles blitzblank ist, wird das Gefühl von Sauberkeit durch den angenehmen, schwachen Duft einer Kerze noch gesteigert. Das ist quasi das i-Tüpfelchen für meine harte Arbeit. Manchmal zünde ich auch eine Kerze an, bevor ich mit dem Putzen loslege, dann habe ich von vornherein das Gefühl, rasch für angenehme Frische in meinem Zuhause zu sorgen. Hochwertige Kerzen sind besser dafür geeignet als billige, da die Gerüche bei ihnen intensiver und angenehmer sind. Billige Kerzen werden auch aus billigeren Inhaltsstoffen hergestellt, und diese wollen Sie ganz bestimmt nicht regelmäßig einatmen.

 Raumspray

Raumsprays sind ganz wunderbar, wenn Sie rasch einen angenehm parfümierten Duft bei sich verbreiten wollen (im Badezimmer werden sie zum Beispiel von vielen benutzt). Wenn sich bei uns Besuch angekündigt hat, dann düse ich damit für gewöhnlich immer einmal durch alle wichtigen Räume, und das nicht, weil es bei mir zu Hause stinkt, sondern weil ich sichergehen will, dass es schön frisch riecht, ehe jemand zu mir kommt. Schließlich weiß man nie, ob sich nicht doch noch irgendein Geruch im Haus hält, an den man sich bereits gewöhnt hat, weil man an diesem Tag eben noch nicht draußen war, um kurz frische Luft zu schnappen. Ich benutze gern hochkonzentrierte Raumsprays von Firmen, die ein besonderes Augenmerk auf den Duftstoff legen, und nicht etwa die billigen Supermarktsprays. Außerdem braucht man davon für gewöhnlich nur ein paar Sprühstöße, bis es angenehm riecht, und muss nicht minutenlang in der Mitte eines Raumes wild um sich sprühend damit herumwirbeln, wie es einem in der Werbung immer vorgeführt wird.

Herdplatte

Ihr Haus zu parfümieren, indem Sie einen Topf Wasser auf dem Herd köcheln lassen, ist die ökonomischste und natürlichste Art. Werfen Sie zum Beispiel einfach ein paar Kräuter und Gewürze ins Wasser. Oder aber schneiden Sie frische Kräuter und Früchte klein, packen Sie alles in kleinen Portionen in den Gefrierschrank und benutzen Sie diese, wann immer Ihnen gerade danach ist. Sie können auch Zitronenschalen oder Zweige von immergrünen Bäumen aus dem Garten dafür verwenden. Achten Sie nur darauf, dass Sie den Topf die ganze Zeit überwachen und nicht alles Wasser verdampft, sonst brennt es noch bei Ihnen – zumindest aber bekommen Sie dann einen äußerst unangenehmen verbrannten Geruch ins Haus. Wenn Ihnen diese Methode zusagt, dann sind das hier ein paar klassische Topfvarianten:

- Orangenschale und ganze oder gemahlene Nelken
- Zimt mit Vanilleextrakt
- Apfelschalen, Zitronenschalen und Vanilleextrakt

 ## Ätherische Öle

Manche Menschen benutzen gern ätherische Öle, damit es bei ihnen angenehm riecht, und schwören darauf, dass diese Öle auch gesundheitliche Vorteile bieten, mal ganz abgesehen davon, dass sie die Stimmung heben und einen gemütlichen Duft verbreiten. Sie können auch durchaus selbst ein Raumspray mit ätherischen Ölen herstellen, indem Sie ein paar Tropfen davon mit Wasser und einem Teelöffel Natron (4 g) in einer leeren Sprühflasche mischen. Sie können aber auch einfach ein paar Tropfen auf etwas Watte träufeln und diese unsichtbar an verschiedenen Ecken bei sich zu Hause anbringen.

Wie Sie endlich die *Kurve kriegen* und ein für alle Mal Ordnung schaffen (ohne rückfällig zu werden)

Natürlich geloben Sie immer, zumindest einmal pro Jahr so richtig Ordnung bei sich zu schaffen. Und natürlich fängt das auch richtig erfolgversprechend an, aber irgendwie laufen die Dinge dann doch nie nach Plan. Warum ist das so? Tatsächlich gibt es das eine oder andere Geheimnis, das Organisationsprofis anwenden und mit dem sie für den entscheidenden Unterschied sorgen. Ein paar ihrer Tricks funktionieren wirklich und helfen, dauerhafte Veränderungen umzusetzen. Und ich habe diese ganzen Tipps und Tricks für Sie zusammengetragen und aufgelistet – sie warten nur darauf, von Ihnen angewandt zu werden. Sollte es Ihnen dieses Mal wirklich ernst sein und Sie wollen ein für alle Mal die Kurve bekommen,

dann müssen Sie Folgendes tun:

Investieren Sie ein bisschen

Wenn bei dieser Umorganisierung etwas für Sie herausspringen soll, dann müssen Sie zunächst einmal etwas investieren. Es muss etwas sein, das wertvoll für Sie ist, etwas, das Sie nicht einfach so wegwerfen oder vergeuden wollen, sobald Ihr Elan nach anfänglichem Enthusiasmus schwächelt. Es könnte sich dabei um Zeit, Geld oder auch um beides zusammen handeln. Ab dem Moment, als ich anfing, in ein paar Schachteln und Körbe zu investieren, die mir dabei helfen sollten, Ordnung in mein Chaos zu bringen, war ich tatsächlich in der Lage, am Ball zu bleiben. Noch dazu war ich richtig begeistert von den Fortschritten, die ich machte. Dank dieser neuen, schönen Dinge erfreute ich mich an dem ganzen Kram, den ich damit neu organisiert hatte. Zum einen war das ein tolles Gefühl, und zum anderen war ich nicht bereit, dieses ganze Geld umsonst ausgegeben zu haben. Sie können aber auch für neue Strukturen sorgen, ohne dafür besonders tief in die Tasche greifen zu müssen. Und es bedeutet trotzdem nicht, dass Sie Ihr ganzes Zeug deshalb einfach willkürlich in einer Ecke aufstapeln und sich damit begnügen sollen – es heißt nur, dass Sie dann eben mehr Zeit als Geld investieren müssen. Mit ein paar einfachen Materialien und etwas Geschick können Sie so ziemlich jedes Regal, Schränkchen oder jede Aufbewahrungsbox selbst herstellen.

Selbst gemachte, stoffbezogene Aufbewahrungsboxen

 Benötigtes Material

🖎 eine Schachtel

🖎 genug Stoff, um die Schachtel darin einzuschlagen

🖎 Schere

🖎 Kleber

🖎 Klebepistole

🖎 breites Band, um die Kanten damit einzufassen

🖎 Beschriftungsfenster (optional)

Bügeln Sie den Stoff und stellen Sie die Schachtel in der Mitte darauf ab. Kippen Sie die Schachtel auf eine der vier Seitenwände und zeichnen Sie deren Umriss auf dem Stoff nach, geben Sie am oberen Rand aber noch einen Zentimeter hinzu. Verfahren Sie so mit allen vier Seitenwänden.

Schneiden Sie den Stoff zurecht und bringen Sie den Klebstoff auf der Unterseite der Schachtel an. Dann stellen Sie die Schachtel erneut auf den Stoff.

Als Nächstes bringen Sie den Klebstoff an einer Seitenwand der Schachtel an, streichen anschließend den Stoff darüber und klappen ihn an der oberen Kante um. Wiederholen Sie diesen Vorgang an allen vier Seiten.

Komplettieren Sie Ihre Schachtel mit dem Dekoband, das Sie mithilfe der Klebepistole an allen vier Seitenkanten und am oberen Rand der Schachtel anbringen.

Kleben Sie zum Schluss noch Ihr Beschriftungsfenster auf die Schachtel, und schon ist Ihre neue Aufbewahrungsbox fertig!

Weisen Sie allem einen festen Platz zu

Das wussten Sie bereits, nicht wahr? Wenn Sie einen Platz für alles haben, dann ist alles an seinem Platz. Dieser Spruch hört sich für die meisten so altbacken an, dass er in unseren modernen vier Wänden heutzutage gar keinen Platz mehr zu haben scheint, dabei ist er der Schlüssel zur häuslichen Organisation schlechthin. Oder zumindest einer der Schlüssel. Wenn Sie eine Sache haben, einen Gegenstand, oder einen Haufen Zeugs, das irgendwo ohne einen ihm zugewiesenen Platz herumliegt, dann müssen Sie einen schaffen. Wir gewöhnen uns daran, so vieles ohne eigenständigen Platz um uns zu haben, dass wir beim Putzen ganz automatisch davon ausgehen, wir müssten auf Zehenspitzen herumeiern und uns mit irgendwelchen Behelfslösungen arrangieren, die dann immer wieder aufs Neue zum Einsatz kommen. Aber sie funktionieren auf Dauer nicht so, wie sie sollen. Wenn Sie über Sachen stolpern, die noch keinen idealen, für sie geeigneten Platz haben, dann nehmen Sie sich etwas Zeit. Sie müssen sich verinnerlichen, dass diese Dinge fehl am Platz sind, da wo sie gerade sind, und sich ganz bewusst vornehmen, eine dauerhafte Lösung für sie zu finden, entweder, indem Sie ein paar Gegenstände neu arrangieren, neue Elemente zum Organisieren besorgen, die Abhilfe bei diesem Problem schaffen, selbst eigene geniale Aufbewahrungsmöglichkeiten herstellen, oder diese mit bereits vorhandenen Strukturen kombinieren. Und dann müssen Sie es natürlich noch anpacken und umsetzen.

Seien Sie realistisch (wenn es nicht funktioniert, funktioniert es eben nicht)

Das macht den entscheidenden Unterschied. Bestimmt gibt es ein paar Lösungsansätze, von denen Sie *denken*, sie müssten funktionieren, doch aufgrund Ihres momentanen Lebensstils oder Ihrer Familiensituation tun sie das nun einmal nicht. Zum Beispiel, weil Sie gerade Kleinkinder zu Hause haben. Wir haben unser ans Schlafzimmer angeschlossenes Badezimmer ganz wunderbar renoviert und jede nur erdenkliche Stauraummöglichkeit voll ausgeschöpft. Das war der Hammer. Da war wirklich Platz für alles. Außerdem hatten wir direkt vor der Tür noch einen Extra-Stauraum geschaffen, weil nichts beengt oder zugestopft sein sollte. Und dann habe ich die nächsten zwei Jahre doch damit zugebracht, mich im Wohnzimmer herzurichten, und meine gesamten Toilettenartikel dort aufbewahrt. Für mich hat es einfach nicht funktioniert, ein Kleinkind mit im Bad zu haben (zumindest nicht so, wie ich es mir gewünscht hätte). Das hat jedes Mal nur dazu geführt, dass hinterher ein ziemlich großes Chaos im Bad herrschte, das ich irgendwann aufräumen musste, also machte ich mich stattdessen im Wohnzimmer zurecht, wo mein Kleiner mit seinem Spielzeug spielen konnte, und schon hielt sich das Chaos etwas mehr im Rahmen. Ich stöberte eine hübsche alte Werkzeugkiste in einem Antiquitätengeschäft auf und verstaute meine ganzen Toilettenartikel darin – das hat ziemlich gut funktioniert. So dauerte es zwar eine Weile, bis ich mich tatsächlich regelmäßig in meinem Badezimmer zurechtmachen konnte, aber wenigstens musste ich mir nicht jeden Tag die Haare raufen, wenn ich versuchte, mich halbwegs vorzeigbar zu machen.

Extra-Stauräume sind von unschätzbarem Wert – behandeln Sie sie dementsprechend

Wenn Sie zu den Glücklichen gehören, die einen Extraraum haben, der sich zum Abstellraum umfunktionieren lässt, dann könnten damit Ihre kühnsten Aufräumträume wahr werden. Häufig sind vernachlässigte Zimmer oder Kämmerchen, die sich zu nichts anderem zu eignen scheinen, die besten Abstellräume, wie zum Beispiel der dunkle Keller, der merkwürdig aufgeteilte Dachboden oder dieses überaus eigenartige Extrazimmer, für das keiner eine sinnvolle Verwendung findet. Wir stellen die Sachen dort wild durcheinander ab, ohne groß darüber nachzudenken, denn diese Zimmer sind im Allgemeinen so unattraktiv für den täglichen Gebrauch, dass uns gar nicht in den Sinn kommt, wir könnten sie für etwas anderes verwenden. In meinem Keller sind die Decken niedrig, der Boden bröckelt, und allerhand Krempel liegt dort herum. Wir haben immer alle unerwünschten Gegenstände dort hineingeworfen, während wir die Sachen, die wir mochten, in den Wohnräumen oben unterbringen wollten, wo einfach nicht genug Platz für sie war. Sobald mir klar wurde, was für eine hervorragende Möglichkeit sich mir im Keller bot, um saisonale Gegenstände, Dekosachen oder auch zusätzliches Spielzeug aufzubewahren, fühlte sich mein Zuhause viel sauberer an und war sehr viel einfacher in Schuss zu halten. Sollten auch Sie ähnlich vernachlässigte Räumlichkeiten haben, dann geben Sie ein bisschen Geld für einfache Regale, ein Etikettiergerät und viele benutzerfreundliche Vorratsbehälter aus und fangen Sie damit an, diesen Raum so zu behandeln, als wäre er die Abstellkammer Ihrer Träume, dann wird er das in Kürze auch sein.

Werfen Sie Zeug weg

Manchmal müssen Abstellräume umsortiert werden, um Platz für die Dinge zu schaffen, die Sie mögen und ordentlich aufbewahren wollen. Und wenn Sie Ihren Kram dann neu sortieren, kann das durchaus bedeuten, dass Sie manche Dinge an ganz anderer Stelle aufbewahren müssen. Zum Beispiel nicht länger in Ihren vier Wänden. Nicht einmal mehr auf Ihrem Grundstück. Auch nicht als Teil Ihres Besitzes. Entrümpeln ist das A und O des gesamten Umstrukturierungsprozesses. Viele Menschen, die sich eine bessere Organisation zum Ziel gesetzt haben, haben einfach nur zu viel Kram, glauben aber, wenn sie nur ein bisschen härter daran arbeiten, wenn sie die Sachen ein bisschen häufiger umräumen und etwas geschickter anordnen würden, dann hätten Sie genug Platz für alles. Wenn sich das für Sie vertraut anhört, dann sollten Sie wissen, dass Sie damit nicht allein sind. Aber tun Sie sich das bitte nicht länger an. Sie brauchen dieses ganze Zeugs nicht. Sie mögen dieses ganze Zeug doch nicht einmal. Und ganz bestimmt benutzen Sie auch nichts mehr davon. Als ehemalige Sammelwütige von irgendwelchem Nippes, Tand und anderem Dekozeug, das ich vielleicht *irgendwann* mal brauchen könnte, muss ich Ihnen sagen, dass es sich auf der anderen Seite des Entrümpelungsberges so viel besser lebt. Wenn Sie nur noch ein paar Lieblingssachen auf Ihrem ehemals übervollen Regal stehen haben, dann ist es auf einmal so einfach, einen Platz für Ihre Sachen zu finden. Es kann sogar sein, dass Sie an einem solchen Regal vorbeigehen und dabei denken, dass man Sie fast für eine einigermaßen gut organisierte Person halten könnte. Sie kennen doch bestimmt diese superstrukturierten Leute, von denen Sie immer dachten, wie clever sie doch sind und wie einfach es ihnen doch fällt, es so aussehen zu lassen, als hätte alles, was sie tun, Hand und Fuß? Diejenigen, bei denen Sie immer dachten, sie hätten ein Geheimrezept, um ihre Zimmer wie von Zauberhand sauber und ordentlich aussehen zu lassen? Jep, Sie vermuten schon ganz richtig. Die einzige Zauberkraft bei diesen Menschen war der Zauber des Entrümpelns. Vielleicht haben die anderen es ein bisschen früher gelernt als Sie, aber jetzt kennen Sie diesen Trick auch. Der Schlüssel zum Erfolg beim Entrümpeln liegt darin, nachsichtig mit sich selbst zu sein. Nicht jeder billige Krempel braucht einen passenden, schönen Platz. Und Sie müssen auch nicht alles verkaufen, um jeden Cent Ihres hinausgeworfenen Geldes zurückzubekommen. Das müssen Sie nicht. Ich spreche Sie jetzt und hier von dieser Schuld frei.

Tatsächlich ist sehr vieles von dem, was Sie entrümpeln, einfach nur Müll, also werfen Sie es ohne Skrupel einfach weg. Und die paar Dinge, von denen Sie denken, Sie sollten sie spenden, sammeln Sie einfach und bringen sie irgendwohin, wo Sie alles auf einmal abgeben können, wie zum Beispiel bei einem dieser größeren Oxfam-Shops, die ganz unterschiedliche Artikel anbieten. Lösen Sie sich von Ihrem unnötigen Krempel und das möglichst schnell. Es geht einzig und allein darum, es Ihnen einfacher zu machen. Und was ist einfacher, als quasi sofort dafür belohnt zu werden, einen sauberen, stressfreien Raum zu bekommen? Mal ganz ehrlich. Sobald Sie Ihren überflüssigen Krempel los sind, ergibt sich der Rest ganz von selbst.

To-Do-Liste: Das steht *jeden Tag* an

Am besten ist es, wenn Sie Ihre eigene perfekte To-do-Liste für jeden Tag erstellen, damit alles problemlos abläuft, mit möglichst wenig Zeit- und Arbeitsaufwand sauber aussieht und zu Ihrem eigenen Zeitplan und den Bedürfnissen Ihres Zuhauses passt. Ich sollte noch hinzufügen, dass sich diese Liste bestenfalls häufig ändert, damit sie den unterschiedlichen Bedürfnissen und Wechseln je nach Jahreszeit, Unternehmungen und Vorlieben angepasst ist. Hin und wieder ist es jedoch ganz nett, wenn man einen Ausgangspunkt hat, bei dem man anfangen kann, etwas, das man ausprobieren und dann individuell anpassen kann. Die nachfolgende Liste ist genau das: eine einfache, tägliche To-do-Liste von Dingen, die Ihnen dabei helfen werden, ein strahlendes, blitzblankes Zuhause zu haben,

ohne dass Sie zu viel Zeit darauf verwenden müssten.

- ❑ Machen Sie Ihre Betten.
- ❑ Warten Sie nicht, bis der Wäschekorb überquillt.
- ❑ Spülen Sie Ihr Geschirr.
- ❑ Bringen Sie Ihre vollen oder halb vollen Mülleimer nach draußen.
- ❑ Wischen Sie rasch mit einem Handtuch durchs Badezimmer.
- ❑ Wischen Sie den Küchentresen und den Küchentisch sauber.
- ❑ Kehren Sie den Küchenboden.
- ❑ Wischen Sie Verschüttetes oder Heruntergefallenes mit einem feuchten Schwamm vom Boden auf.
- ❑ Räumen Sie ein paar Ecken hier und da auf und entrümpeln Sie diese.

To-Do-Liste: Das steht *jeden Monat* an

Hier kommen ein paar Ideen für etwas umfangreichere Haushaltsjobs, die Sie zu Ihrer monatlichen To-do-Liste hinzufügen können. Sie werden erstaunt sein, was für einen Unterschied Sie bei sich zu Hause feststellen können, wenn Sie jede einzelne dieser schnellen,

häppchengroßen Aufgaben monatlich erledigt bekommen!

Im ganzen Haus

- ❑ Saugen Sie einmal durch jedes Zimmer in Ihrem Zuhause (den restlichen Monat saugen Sie je nach Bedarf durch einzelne Zimmer).
- ❑ Stauben Sie Tür- und Fensterrahmen ab und entfernen Sie Spinnennetze.
- ❑ Wischen Sie die Wände bei Bedarf ab und bringen Sie jedes Zimmer auf Vordermann.
- ❑ Wischen Sie Schalterabdeckungen und Türgriffe ab.
- ❑ Überprüfen Sie den Jackenschrank oder die Garderobe im Gang und entfernen Sie alles, was nicht zur Saison passt oder unnötig ist.
- ❑ Überprüfen Sie Spiegel, Fensterscheiben und Glasflächen nach Fingertapsen und Schlieren.
- ❑ Säubern Sie Rollos und Jalousien.
- ❑ Wischen Sie Holztische, Stühle und andere Holzmöbel nass ab und polieren Sie sie.
- ❑ Entfernen Sie Flecken aus Teppichen und Polstermöbeln.
- ❑ Sortieren Sie Zeitschriften und Kataloge aus, die Sie bereits gelesen haben.
- ❑ Wechseln Sie die saisonale Deko oder nehmen Sie

ein paar Veränderungen vor, damit sich Ihre Räume aufgefrischt anfühlen.

❏ Wischen Sie Beleuchtungskörper im Innen- und Außenbereich ab; wenn möglich entfernen Sie Glasabdeckungen und polieren diese.

In der Küche und den Räumen, in denen Sie Nahrungsmittel aufbewahren

❏ Leeren und waschen Sie Kühl- und Gefrierschränke aus; räumen Sie alles aus und sortieren Sie neu ein.

❏ Säubern Sie Herd und Ofen falls nötig.

❏ Säubern Sie die Abzugsfilter.

❏ Säubern Sie die Mikrowelle und wischen Sie alle kleinen Schalter ab.

❏ Wischen Sie die Küchenschränke ab.

❏ Räumen Sie den Bereich unter der Spüle auf.

❏ Wischen Sie den Mülleimer aus.

❏ Gehen Sie alle Schubladen durch, um nachzusehen, ob sie nicht mal wieder neu organisiert werden müssten.

Badezimmer

❑ Waschen Sie Vorleger und Badematten.
❑ Waschen Sie Duschvorhänge.
❑ Säubern Sie Zahnbürstenhalter, Seifenschalen und anderes Zubehör.
❑ Werfen Sie leere und abgelaufene Flaschen weg.
❑ Waschen Sie das Badespielzeug Ihrer Kinder.
❑ Entkalken Sie Wasserhähne und Duschköpfe bei Bedarf.

In den Schlafzimmern

❑ Waschen Sie alle Matratzenauflagen, Bettvolants und Kissenbezüge.
❑ Saugen Sie unter dem Bett.
❑ Räumen Sie auf, was sich auf Nachtkästchen, Kommoden und Regalen angesammelt hat.
❑ Entfernen Sie kaputte, nicht mehr passende oder altmodische Kleidung aus den Schränken und spenden Sie sie oder werfen Sie diese weg.
❑ Sehen Sie alle Schubladen danach durch, ob Sie diese wieder einmal neu sortieren oder die Kleidung darin neu zusammenfalten sollten.
❑ Richten Sie alle Kleiderbügel und Stapel auf den Regalen schön aus.
❑ Stellen Sie die Schuhe paarweise auf.
❑ Stauben Sie alle Regalflächen im Kleiderschrank und alle Kleiderstangen ab.

Das Arbeitszimmer

- ❏ Wischen Sie Bildschirme und Tastaturen feucht ab.
- ❏ Sortieren Sie die Schreibutensilien.
- ❏ Werfen Sie Müll und alte Unterlagen weg.
- ❏ Füllen Sie Druckerpapier und Tinte nach.
- ❏ Entfernen Sie überflüssige Unterlagen aus Ihren Akten.

Wenn Sie nur einen oder zwei Punkte dieser Listen pro Tag erledigen, dann führt Sie schon das zum gewünschten Erfolg. Unter Umständen wird Ihnen auffallen, dass viele Dinge, die Sie für gewöhnlich regelmäßig erledigen, weder auf der täglichen noch auf der monatlichen To-do-Liste stehen, wie zum Beispiel Pflanzen gießen oder die Bettwäsche wechseln. Wenn Sie Ihre Speed-Cleaning-Putzfähigkeiten trainieren, dann fallen Ihnen diese Haushaltsjobs automatisch auf, und Sie werden sie je nach Bedarf abarbeiten, ohne einen weiteren Gedanken daran zu verschwenden, wie Sie sie in einer übermäßig komplizierten Putzliste unterbringen können. Die Aufgaben in diesen monatlichen Putzlisten sollen als Ideen für Punkte dienen, die Sie einmal pro Monat zu Ihrer Mini-Speed-Cleaning-Putzliste hinzufügen, damit Sie ein Zuhause haben, das sich so anfühlt, als hätte es seine monatliche Tiefenreinigung genossen, ganz ohne dass Sie diese Tiefenreinigung tatsächlich hätten durchführen müssen!

To-Do-Liste: Die *Eins-A-All-Inclusive-*Tiefenreinigung

Manchmal will man einfach alles haben. Vielleicht putzen Sie einfach schrecklich gerne. Vielleicht wollen Sie einen Neuanfang machen, damit sich Ihre neu entdeckte Liebe für ein sauberes Zuhause ungehindert entfalten kann. Die nachfolgende Liste deckt wirklich alles ab, für den Fall, dass Sie sich irgendwann selbst übertreffen wollen. Atmen Sie tief durch, ehe Sie in diese Liste eintauchen, und denken Sie daran, sich bedächtig an die Umsetzung zu machen... oder aber mit unbekümmerter Sorglosigkeit aus reiner Liebe für ein sauberes Heim.

Was auch immer Ihnen am besten passt!

Eingangsbereich

- ❏ Stauben Sie Decken, Tür- und Fensterrahmen sowie Türen ab.
- ❏ Wischen Sie Türen, Türstöcke, Fensterrahmen und Zierleisten feucht ab.
- ❏ Entfernen Sie Flecken von den Wänden.
- ❏ Putzen Sie sämtliche Fenster und Glastüren.
- ❏ Wischen Sie über Leuchtmittel und Lampen.
- ❏ Wischen Sie Türgriffe und Abdeckungen ab.
- ❏ Fegen oder saugen Sie den Fußboden, auch unter den Möbeln.
- ❏ Säubern Sie Rollos und Jalousien.
- ❏ Fegen Sie Eingangsbereich, Treppenabsatz, Veranda und/oder Treppe.
- ❏ Säubern Sie Fußabstreifer oder Teppiche, entweder in der Waschmaschine oder aber mit dem Gartenschlauch, und wechseln Sie diese bei Bedarf aus.
- ❏ Topfen Sie Pflanzen um, bei denen das nötig ist.
- ❏ Wischen Sie die Blumenkübel ab.
- ❏ Schütteln Sie Kränze und andere Deko aus, oder saugen Sie sie ab.
- ❏ Wischen Sie Stühle, Schränke und Möbelstücke ab.

❑ Misten Sie den Schrank oder die Garderobe mit den Mänteln aus, richten Sie Kleiderbügel sorgfältig aus und bringen Sie Ablagefächer und Schubladen in Ordnung.

Wohnzimmer

❑ Stauben Sie Decken, Tür- und Fensterrahmen sowie Türen ab.

❑ Wischen Sie Türen, Türstöcke, Fensterrahmen und Zierleisten feucht ab.

❑ Entfernen Sie Flecken von den Wänden.

❑ Putzen Sie Fenster und Glastüren.

❑ Wischen Sie über Leuchtmittel und Lampen.

❑ Wischen Sie Türgriffe und Abdeckungen ab.

❑ Fegen oder saugen Sie den Fußboden, auch unter den Möbeln.

❑ Schamponieren Sie Teppiche und Läufer.

❑ Saugen Sie Polstermöbel ab und säubern Sie sie gemäß den Anleitungen des Herstellers.

❑ Tragen Sie auf alle Holzoberflächen Möbelpolitur auf.

❑ Säubern Sie Rollos und Jalousien.

❑ Entfernen Sie alles von den Regalen und Schränken, und stauben Sie sie innen und außen sorgfältig ab.

❑ Wischen Sie Dekogegenstände ab oder stellen Sie diese für einen Waschgang in die Spülmaschine, sollten sie spülmaschinengeeignet sein.

❑ Entfernen und waschen Sie die Kissenbezüge; bügeln Sie diese, ehe Sie sie wieder anbringen.

- ❑ Leeren Sie alle Körbe oder Kisten, saugen Sie diese erst aus und wischen Sie sie dann feucht durch (oder aber benutzen Sie Möbelpolitur).
- ❑ Säubern Sie die Fernbedienung und andere Bedienungsgeräte sowie elektronische Unterhaltungsgeräte, indem Sie sie vorsichtig mit einem Lappen und etwas Spiritus abreiben.
- ❑ Bringen Sie alle Spiegel und Glasflächen von Bilderrahmen zum Glänzen.
- ❑ Misten Sie Beistelltische oder Couchtischschubladen aus.
- ❑ Machen Sie Ihren Kamin sauber.
- ❑ Gießen Sie Ihre Pflanzen und stauben Sie deren Blätter vorsichtig mit einem feuchten Tuch ab.
- ❑ Machen Sie alle Plastikpflanzen sauber.
- ❑ Misten Sie Ihren Zeitschriften- und Katalogstapel aus.

Spielzimmer

- ❑ Stauben Sie Decken, Tür- und Fensterrahmen sowie Türen ab.
- ❑ Wischen Sie Türen, Türstöcke, Fensterrahmen und Zierleisten feucht ab.
- ❑ Entfernen Sie Flecken von den Wänden.
- ❑ Putzen Sie Fenster und Glastüren.
- ❑ Wischen Sie über Leuchtmittel und Lampen.
- ❑ Wischen Sie Türgriffe und Abdeckungen ab.
- ❑ Fegen oder saugen Sie den Fußboden, auch unter den Möbeln.
- ❑ Schamponieren Sie die Teppiche und Läufer.

- ❏ Saugen Sie Polstermöbel ab, und säubern Sie sie gemäß den Anleitungen des Herstellers.
- ❏ Säubern Sie Rollos und Jalousien.
- ❏ Ordnen Sie die Spielsachen und stellen Sie alles wieder zurück an seinen Platz.
- ❏ Sehen Sie die Spielsachen nach kaputten und defekten Teilen durch und werfen Sie diese weg, wenn sie nicht repariert werden können.
- ❏ Sortieren Sie ein paar Spielsachen aus, die nicht mehr benutzt werden, und spenden Sie diese (lassen Sie sich dabei von Ihren Kinder helfen, sobald sie alt genug dafür sind, damit Sie wissen, von welchen Spielsachen sie sich tatsächlich trennen möchten).
- ❏ Wischen Sie große Spielsachen ab.
- ❏ Entfernen Sie Flecken von Kuscheltieren.
- ❏ Waschen Sie kleines Plastikspielzeug in der Spülmaschine.
- ❏ Besorgen Sie neue Kisten, Körbe oder Regale, wenn Sie welche benötigen.
- ❏ Stauben Sie die Regale ab.
- ❏ Saugen Sie alle Kisten oder Körbe aus, stauben Sie sie ab und wischen Sie sie feucht aus.
- ❏ Ordnen Sie die Bücherregale und kleben Sie kaputte Bücher.

Esszimmer

- ❏ Stauben Sie Decken, Tür- und Fensterrahmen sowie Türen ab.
- ❏ Wischen Sie Türen, Türstöcke, Fensterrahmen und Zierleisten feucht ab.
- ❏ Wischen Sie Flecken von den Wänden.
- ❏ Putzen Sie Fenster und Glastüren.
- ❏ Wischen Sie über Leuchtmittel und Lampen.
- ❏ Wischen Sie Türgriffe und Abdeckungen ab.
- ❏ Fegen oder saugen Sie den gesamten Fußboden, auch unter den Möbeln.
- ❏ Schamponieren Sie die Teppiche.
- ❏ Saugen Sie Polstermöbel ab und säubern Sie sie gemäß den Anleitungen des Herstellers.
- ❏ Säubern Sie Rollos und Jalousien.
- ❏ Stauben Sie Regale und Geschirrschränke vorsichtig von innen und außen ab.
- ❏ Spülen Sie Teller, Gläser und Geschirr und räumen Sie es weg.
- ❏ Polieren Sie Ihr Silberbesteck.
- ❏ Vergewissern Sie sich, dass alle Tischdecken sauber und gebügelt sind.
- ❏ Polieren Sie Holzoberflächen, inklusive Tisch und Stuhlbeine.
- ❏ Gießen Sie die Pflanzen und wischen Sie die Blätter feucht ab.
- ❏ Säubern Sie Plastikpflanzen.
- ❏ Bringen Sie alle Spiegel und Glasflächen von Bilderrahmen zum Glänzen.
- ❏ Wischen Sie alle sonstigen Dekogegenstände ab oder

stellen Sie diese in die Spülmaschine, wenn sie spülmaschinentauglich sind.

Küche

- ❏ Stauben Sie Decken, Tür- und Fensterrahmen sowie Türen ab.
- ❏ Wischen Sie Türen, Türstöcke, Fensterrahmen und Zierleisten ab.
- ❏ Entfernen Sie Flecken von den Wänden.
- ❏ Putzen Sie Fenster und Glastüren.
- ❏ Wischen Sie über Leuchtmittel und Lampen.
- ❏ Wischen Sie Türgriffe und Abdeckungen ab.
- ❏ Fegen oder saugen Sie den gesamten Fußboden, auch unter den Möbeln.
- ❏ Säubern Sie Rollos und Jalousien.
- ❏ Spülen Sie Tiernäpfe aus und machen Sie die umliegenden Bereiche sauber.
- ❏ Putzen Sie unter dem Spülbecken und sorgen Sie hier für Ordnung.
- ❏ Wischen Sie Schränke ab.
- ❏ Räumen Sie Tresen und Arbeitsflächen frei und wischen Sie diese ab.
- ❏ Leeren und spülen Sie sämtliche Behältnisse und Schalen auf dem Tresen.
- ❏ Versiegeln Sie Steintresen, Böden und Fliesenspiegel.
- ❏ Wischen Sie alle kleinen Küchengeräte ab.
- ❏ Wischen Sie den Fliesenspiegel ab, schrubben und versiegeln Sie auch die Fugen falls nötig.

❑ Wischen Sie die Dunstabzugshaube ab und säubern Sie die Filter bzw. wechseln Sie sie aus.

❑ Räumen Sie sämtliche Schubladen und Schränke leer, wischen Sie diese aus, entrümpeln Sie sie und schaffen Sie Ordnung.

❑ Säubern Sie die Spülmaschine innen und außen und lassen Sie sie einmal leer laufen.

❑ Säubern Sie Ihren Herd und Ofen.

❑ Wischen Sie Ihre Mikrowelle innen und außen ab.

❑ Spülen Sie alle Dekogegenstände auf Tresen, Tischen und an den Wänden.

Badezimmer

❑ Stauben Sie Decken, Tür- und Fensterrahmen sowie Türen ab.

❑ Wischen Sie Türen, Türstöcke, Fensterrahmen und Zierleisten ab.

❑ Wischen Sie Flecken von den Wänden.

❑ Putzen Sie Fenster und Glastüren.

❑ Wischen Sie über alle Leuchtmittel und Lampen.

❑ Wischen Sie Türgriffe und Abdeckungen ab.

❑ Fegen oder saugen Sie den Fußboden, auch unter den Möbeln.

❑ Säubern Sie Vorleger und Badematten.

❑ Waschen Sie Duschvorhänge und wischen Sie Duschstangen ab.

❑ Säubern Sie Rollos und Jalousien.

❑ Entfernen Sie die Abdeckung des Ventilators und saugen Sie ihn innen aus.

- ❑ Entkalken Sie Wasserhähne und Duschköpfe.
- ❑ Schrubben Sie die Badewanne, Waschbecken und Toilette.
- ❑ Putzen Sie die Duschkabine aus Glas oder die Glastüren und verwenden Sie wasserabweisendes Mittel, falls gewünscht.
- ❑ Leeren Sie sämtliche Regale und Schubladen, wischen Sie diese feucht aus und sortieren Sie sie neu ein.
- ❑ Entfernen Sie Shampoo-, Dusch- oder sonstige Produktflaschen, die abgelaufen sind oder die Sie nicht mehr benutzen.
- ❑ Wischen Sie alle Schränkchen ab.
- ❑ Räumen Sie die Ablagen leer und wischen Sie sie feucht ab.
- ❑ Leeren und spülen Sie Ablagekörbchen aus.
- ❑ Versiegeln Sie Steinflächen, Böden und Fliesenspiegel.
- ❑ Wischen Sie die elektrischen Geräte fürs Hairstyling ab.
- ❑ Säubern Sie die Haarbürsten.
- ❑ Säubern Sie die Make-up-Pinsel.
- ❑ Legen Sie Handtücher und Waschlappen ordentlich zusammen, bzw. waschen Sie sie falls nötig.
- ❑ Erstellen Sie eine Liste aller Produkte, die Sie nachkaufen müssen, wie zum Beispiel Seife, Shampoo, Zahnpasta, Toilettenpapier oder Wattestäbchen.
- ❑ Waschen Sie Dekogegenstände ab.

Waschküche

- ❑ Stauben Sie Decken, Tür- und Fensterrahmen sowie Türen ab.
- ❑ Wischen Sie Türen, Türstöcke, Fensterrahmen und Zierleisten ab.
- ❑ Entfernen Sie Flecken von den Wänden.
- ❑ Putzen Sie Fenster und Glastüren.
- ❑ Wischen Sie über Leuchtmittel und Lampen.
- ❑ Wischen Sie Türgriffe und Abdeckungen ab.
- ❑ Fegen oder saugen Sie den gesamten Fußboden, auch unter den Möbeln.
- ❑ Säubern Sie Rollos und Jalousien.
- ❑ Säubern Sie die Filter des Abluftschlauches Ihres Trockners im Inneren und außen an Ihrem Haus.
- ❑ Säubern Sie den Flusenreiniger Ihres Trockners mit einer langen Bürste und dem Staubsauger.
- ❑ Wischen Sie Trockner und Waschmaschine innen und außen ab und lassen Sie die Waschmaschine zum Säubern einmal leer laufen.
- ❑ Leeren Sie Regale und Schränke und wischen Sie sie feucht ab.
- ❑ Werfen Sie leere Flaschen Flüssigwaschmittel oder Waschmittelzubehör, das sie nicht benutzen, weg und ordnen Sie die Dinge, die in Gebrauch sind, neu an.
- ❑ Erstellen Sie eine Liste der Waschmittel, die Sie nachkaufen müssen.

Elternschlafzimmer

- [ ] Stauben Sie Decken sowie Tür- und Fensterrahmen ab.
- [ ] Wischen Sie Türen, Türstöcke, Fensterrahmen und Zierleisten ab.
- [ ] Entfernen Sie Flecken von den Wänden.
- [ ] Putzen Sie Fenster und Glastüren.
- [ ] Wischen Sie über alle Leuchtmittel und Lampen.
- [ ] Wischen Sie Türgriffe und Abdeckungen ab.
- [ ] Fegen oder saugen Sie den gesamten Fußboden, auch unter den Möbeln.
- [ ] Schamponieren Sie Teppiche und Läufer.
- [ ] Saugen Sie Polstermöbel ab und säubern Sie sie gemäß den Anleitungen des Herstellers.
- [ ] Tragen Sie eine Politur auf Ihre Holzmöbel auf.
- [ ] Säubern Sie Rollos und Jalousien.
- [ ] Waschen Sie die Matratzenauflage, Kissenbezüge und Bettvolants.
- [ ] Saugen Sie die Matratze ab, drehen Sie sie um und saugen Sie auch die Unterseite ab.
- [ ] Räumen Sie Nachtkästchen, Tischchen und Kommoden leer, misten Sie die Sachen aus und wischen Sie alles ab.
- [ ] Stauben Sie Bücherregale ab und räumen Sie sie ordentlich ein.
- [ ] Entfernen Sie löchrige, schlecht sitzende oder aus der Mode gekommene Kleidungsstücke aus Schränken und Kommoden und spenden Sie diese oder werfen Sie sie weg.
- [ ] Gehen Sie die Schubladen danach durch, ob diese

neu eingeräumt und die darin aufbewahrten Kleidungsstücke neu zusammengelegt werden müssten.

- [ ] Richten Sie Kleiderbügel und Kleiderstapel in Ihrem Schrank neu aus.
- [ ] Stellen Sie die Schuhe paarweise auf.
- [ ] Stauben Sie Regale und Kleiderstangen ab.
- [ ] Wischen Sie alle Dekogegenstände auf den Ablageflächen und an den Wänden ab.
- [ ] Gießen Sie die Pflanzen und stauben Sie deren Blätter mit einem feuchten Tuch ab.
- [ ] Säubern Sie Plastikpflanzen.
- [ ] Stauben und wischen Sie elektronische Geräte ab.

Kinderzimmer

- [ ] Stauben Sie Decken, Tür- und Fensterrahmen sowie Türen ab.
- [ ] Wischen Sie Türen, Türstöcke, Fensterrahmen und Zierleisten feucht ab.
- [ ] Entfernen Sie Flecken von den Wänden.
- [ ] Putzen Sie Fenster und Glastüren.
- [ ] Wischen Sie über Leuchtmittel und Lampen.
- [ ] Wischen Sie Türgriffe und Abdeckungen ab.
- [ ] Fegen oder saugen Sie den gesamten Fußboden, auch unter den Möbeln.
- [ ] Schamponieren Sie Teppiche und Läufer.
- [ ] Saugen Sie Polstermöbel ab und säubern Sie sie gemäß den Anleitungen des Herstellers.
- [ ] Tragen Sie Möbelpolitur auf den Holzoberflächen auf.

- ❑ Säubern Sie Rollos und Jalousien.
- ❑ Überprüfen Sie Schubladen und Kleiderschränke nach Kleidung, die nicht mehr passt, und sammeln Sie diese an einem Ort, um sie zu spenden oder an jüngere Geschwister weiterzugeben.
- ❑ Legen Sie Kleidungsstücke in chaotischen Schubladen neu zusammen, und sortieren Sie sie.
- ❑ Holen Sie alle Spielsachen aus Kisten, Schachteln oder Regalen, und wischen Sie sie ab.
- ❑ Entrümpeln Sie Spielzeug, das nicht mehr benutzt wird, und sortieren Sie die Sachen, mit denen noch gespielt wird, neu ein.
- ❑ Räumen Sie Spiele und Bücher ordentlich ein.
- ❑ Waschen Sie die Matratzenauflage, Kissenbezüge und Bettvolants.
- ❑ Saugen Sie die Matratze ab, drehen Sie sie um und saugen Sie auch die Unterseite ab.
- ❑ Räumen Sie die Nachttische, Tischchen und Kommoden ab, sortieren Sie aus und wischen Sie alles feucht ab.
- ❑ Wischen Sie Dekogegenstände auf Ablageflächen und an den Wänden ab.
- ❑ Stauben und wischen Sie elektronische Geräte ab.

Gästezimmer

- ❑ Stauben Sie Decken, Tür- und Fensterrahmen sowie Türen ab.
- ❑ Wischen Sie Türen, Türstöcke, Fensterrahmen und Zierleisten feucht ab.

- Entfernen Sie Flecken von den Wänden.
- Putzen Sie Fenster und Glastüren.
- Wischen Sie über Leuchtmittel und Lampen.
- Wischen Sie Türgriffe und Abdeckungen ab.
- Fegen oder saugen Sie den gesamten Fußboden, auch unter den Möbeln.
- Schamponieren Sie Teppiche und Läufer.
- Saugen Sie Polstermöbel ab und säubern Sie sie gemäß den Anleitungen des Herstellers.
- Polieren Sie Holzoberflächen.
- Säubern Sie Rollos und Jalousien.
- Waschen Sie die Matratzenauflage, Kissenbezüge und Bettvolants.
- Saugen Sie die Matratze ab, drehen Sie sie um und saugen Sie auch die andere Seite ab.
- Räumen Sie die Nachttische, Tischchen und Kommoden ab, sortieren Sie aus und wischen Sie alles ab.
- Wischen Sie Dekogegenstände auf Ablageflächen und an den Wänden ab.
- Stauben und wischen Sie elektronische Geräte ab.

Häusliches Arbeitszimmer

- Stauben Sie Decken, Tür- und Fensterrahmen sowie Türen ab.
- Wischen Sie Türen, Türstöcke, Fensterrahmen und Zierleisten feucht ab.
- Entfernen Sie Flecken von den Wänden.
- Putzen Sie alle Fenster und Glastüren.
- Wischen Sie über Leuchtmittel und Lampen.

- ❑ Wischen Sie Türgriffe und Abdeckungen ab.
- ❑ Fegen oder saugen Sie überall, auch unter den Möbeln.
- ❑ Schamponieren Sie Teppiche und Läufer.
- ❑ Saugen Sie Polstermöbel ab und säubern Sie sie gemäß den Anleitungen des Herstellers.
- ❑ Tragen Sie eine Möbelpolitur auf allen Holzoberflächen auf.
- ❑ Säubern Sie Rollos und Jalousien.
- ❑ Säubern Sie Bildschirme, Tastaturen und andere Geräte.
- ❑ Ordnen Sie Schreibutensilien.
- ❑ Werfen Sie Müll oder alte Unterlagen weg.
- ❑ Füllen Sie Druckerpapier und Tinte nach.
- ❑ Entfernen Sie unnötige Unterlagen aus Ihren Ordnern.
- ❑ Räumen Sie den Schreibtisch leer und wischen Sie ihn feucht ab.
- ❑ Löschen Sie unnötige Dateien, Downloads oder Bookmarks auf dem Computer.
- ❑ Ordnen Sie digitale Fotos nach Jahr und Anlass.

Werkstatt, Hobbyzimmer oder Handarbeitszimmer

- ❑ Stauben Sie Decken, Tür- und Fensterrahmen sowie Türen ab.
- ❑ Wischen Sie Türen, Türstöcke, Fensterrahmen und Zierleisten ab.
- ❑ Entfernen Sie Flecken von den Wänden.

- ☐ Putzen Sie Fenster und Glastüren.
- ☐ Wischen Sie über Leuchtmittel und Lampen.
- ☐ Wischen Sie Türgriffe und Abdeckungen ab.
- ☐ Fegen oder saugen Sie überall, auch unter den Möbeln.
- ☐ Säubern Sie Rollos und Jalousien.
- ☐ Gehen Sie jeden Aufbewahrungsbehälter durch, und entfernen Sie alles, was leer oder kaputt ist oder nicht mehr benutzt wird.
- ☐ Räumen Sie Tische, Arbeitsplatten oder Werkbänke auf und wischen Sie sie ab.
- ☐ Räumen Sie alles an seinen Platz, sodass Sie eine möglichst freie Arbeitsfläche haben.
- ☐ Gehen Sie Ihre Aufbewahrungslösungen durch und überlegen Sie, ob hier noch etwas fehlt.

Weitere Abstell- oder Aufbewahrungsräume

- ☐ Stauben Sie Decken, Tür- und Fensterrahmen sowie Türen ab.
- ☐ Wischen Sie Türen, Türstöcke, Fensterrahmen und Zierleisten ab.
- ☐ Entfernen Sie Flecken von den Wänden.
- ☐ Putzen Sie Fenster und Glastüren.
- ☐ Wischen Sie über Leuchtmittel und Lampen.
- ☐ Wischen Sie Türgriffe und Abdeckungen ab.
- ☐ Fegen oder saugen Sie überall, auch unter den Möbeln.
- ☐ Säubern Sie Rollos und Jalousien.
- ☐ Ordnen Sie Ihren Wäscheschrank neu, falten Sie

Bettwäsche nochmals zusammen und fügen Sie neue Körbe hinzu, falls diese gebraucht werden; waschen Sie Ihre Sachen falls nötig.

❑ Entfernen Sie abgelaufene und unbenutzte Lebensmittel aus der Vorratskammer, wischen Sie die Regale feucht ab, reihen Sie Lebensmittel ordentlich auf und überlegen Sie, ob die Aufbewahrungsmöglichkeiten ausreichen oder noch etwas fehlt, damit Sie diesen Raum sinnvoll nutzen können.

❑ Öffnen Sie die Dekoschachtel für jede Saison, und gehen Sie deren Inhalte durch; entfernen, verschenken oder sortieren Sie die Sachen aus, die Sie schon seit mehreren Jahren nicht mehr benutzt haben und die nicht zu Ihren absoluten Lieblingssachen gehören.

❑ Öffnen Sie eine Aufbewahrungsbox nach der anderen und sehen Sie Dinge wie zum Beispiel alte Kleidung, die Schulunterlagen Ihrer Kinder oder alte elektronische Geräte durch; spenden Sie sie oder werfen Sie alles weg, was überholt ist, seit Jahren nicht mehr benutzt wurde – und vermutlich auch die nächsten Jahre nicht benutzt wird – und keine besonderen Erinnerungen wachruft.

❑ Wischen Sie Regale und Plastikboxen feucht ab und aus.

Bereiche für Haustiere

- ❏ Stauben Sie Decken, Tür- und Fensterrahmen sowie Türen ab.
- ❏ Wischen Sie Türen, Türstöcke, Fensterrahmen und Zierleisten ab.
- ❏ Entfernen Sie Flecken von den Wänden.
- ❏ Putzen Sie Fenster und Glastüren.
- ❏ Wischen Sie über Leuchtmittel und Lampen.
- ❏ Wischen Sie Türgriffe und Abdeckungen ab.
- ❏ Fegen oder saugen Sie überall, auch unter den Möbeln.
- ❏ Säubern Sie Rollos und Jalousien.
- ❏ Leeren Sie das Katzenklo, spülen Sie es mit dem Schlauch aus und lassen Sie es wenn möglich in der Sonne trocknen.
- ❏ Füllen Sie das Katzenklo mit frischer Streu auf und streuen Sie anschließend etwas Natron darüber.
- ❏ Stellen Sie Näpfe und leere Futterboxen aus Plastik in die Spülmaschine.
- ❏ Säubern Sie die Tierbürsten.
- ❏ Entrümpeln Sie die Aufbewahrungsorte für Bürsten, Shampoos und Medikamente.
- ❏ Sortieren Sie Halsbänder und Leinen.
- ❏ Gehen Sie alles durch und erstellen Sie eine Liste von den Dingen, die Sie ersetzen oder nachkaufen müssen.

Garage und sonstige Nutzbereiche

❑ Stauben Sie Decken, Tür- und Fensterrahmen sowie Türen ab.

❑ Wischen Sie Türen, Türstöcke, Fensterrahmen und Zierleisten ab.

❑ Entfernen Sie Flecken von den Wänden.

❑ Putzen Sie alle Fenster und Glastüren.

❑ Wischen Sie über Leuchtmittel und Lampen.

❑ Wischen Sie Türgriffe und Abdeckungen ab.

❑ Wischen Sie die Garage feucht aus.

❑ Erneuern Sie bei Bedarf die Filter von Heizungs- und Klimaanlage.

❑ Wischen Sie den Luftentfeuchter außen und innen ab.

❑ Wischen Sie den Heißwassertank und die Heizung ab.

❑ Stellen Sie sicher, dass die Luft um die Klimaanlage gut zirkulieren kann, und entfernen Sie Gestrüpp oder Gras.

❑ Wischen Sie Ihre Besen, Mopps, Eimer und Staubsauger ab, entfernen Sie mithilfe einer kleinen Schere oder eines Nahtauftrenners verhedderte Haare oder Flusen aus den Aufsätzen Ihres Staubsaugers.

Außenbereiche

- ❑ Reinigen Sie die Mauern Ihres Hauses, Terrasse, Veranda und Gartenmöbel mit dem Hochdruckreiniger.
- ❑ Putzen Sie die Außenseiten aller Fenster.
- ❑ Verrücken Sie Töpfe mit Pflanzen und machen Sie darunter sauber.
- ❑ Wischen Sie Blumentöpfe ab.
- ❑ Schütteln Sie Kränze aus und saugen Sie sie ab.
- ❑ Wischen Sie Briefkästen, die Hausnummer und Lampen im Außenbereich ab.
- ❑ Fegen Sie Ihren Hauseingang und schütteln Sie den Fußabstreifer aus.
- ❑ Säubern Sie Dachrinnen und Regenfallrohre.
- ❑ Überprüfen Sie die Dichtungen an Ihren Türen, und tauschen Sie sie eventuell aus.
- ❑ Säubern Sie Ihren Grill innen und außen und sehen Sie sich die Abdeckung genau an, um sicherzustellen, dass sie keine Risse oder Löcher aufweist.
- ❑ Wischen Sie Kissen, Bezüge und Sonnenschirme für den Außenbereich ab, damit sich kein Staub oder Pollen darauf festsetzt.
- ❑ Streuen Sie frischen Mulch auf Ihre Blumenbeete.
- ❑ Leeren Sie Abfall- und Recyclingtonne, spülen Sie beide mit dem Gartenschlauch oder Hochdruckreiniger aus und lassen Sie sie in der Sonne trocknen.
- ❑ Reinigen und schärfen Sie das Gartenwerkzeug und ölen Sie es anschließend, damit es keinen Rost ansetzt.
- ❑ Spülen Sie Spielzeug für draußen ab und lassen Sie es in der Sonne trocknen.

❏ Überprüfen Sie Ihre Aufbewahrungslösungen für Spielsachen, Gartenwerkzeug und alles Weitere und überlegen Sie, ob Ihnen hier noch etwas fehlt.

Dank

Mein Dank geht an ...

Grammy, dafür, dass du auf meine Kinder aufgepasst hast, damit ich wieder einmal ein bisschen was von meiner Arbeit erledigen konnte. An meine Kinder, dafür, dass sie unsere gemeinsame Zeit mit diesem Buch und meinen ganzen verrückten Putzexperimenten geteilt haben. An Sarah für ihre endlosen Ermunterungen und Ausrufezeichen (!!!!!). An meine Eltern, von denen ich gelernt habe, was es heißt, ein schönes, glückliches und einigermaßen sauberes Zuhause zu haben. An Chris, weil er auf jede meiner Ideen für so verrückte Projekte wie dieses hier mit einem »Mach's einfach!« reagiert.